道教史

History of Taoism

许地山

METRO FIFTH AVENUE PRESS, LLC

History of Taoism

Xu Dishan

Originally published in Chinese by
Jiangsu Literature and Art Publishing House, 2008

ISBN-13: 978-0692604342
ISBN-10: 0692604340

Printed in the U.S.A

目　录

弁　言

　　此本不能说是著作，只将前人及时人研究底结果总撮起来，作为大学参考底书。本分上下，上编述道家及预备道教底种种法术，下编述道教发展中教相与教理。全书创见极少，成见也无。不完不备，在所难免，望读者赐教。

　　民国二十三年二月编者识于广州中山大学图书馆

绪　说

　　"道"底内容极其复杂，上自老庄底高尚思想，下至房中术，都可以用这个名词来包括它们，大体说来，可分为思想方面底道与宗教方面底道。现在名思想方面底道为道家，宗教方面底道为道教。宗教方面底道教包括方术符谶在里面，思想方面底道家，就包含易阴阳五行底玄理。道家思想可以看为中国民族伟大的产物。这思想自与佛教思想打交涉以后，结果做成方术及宗教方面底道教。唐代之佛教思想，及宋代之佛儒思想，皆为中国民族思想之伟大时期，而其间道教之势力却压倒二教。这可见道家思想是国民思想底中心，大有"仁者见之谓之仁，知者见之谓之知，百姓日用而不知"底气概。"道"底思想既然弥蒙一切，为要细分何者为道家，何者为道教，实在也很难。但从形式上，我们可以找出几种分类法。

一　上品道中品道与下品道

　　最初把道家与道教略略地整理成为系统而加以批评底是梁

刘勰底《灭惑论》。论中提出道家三品说,现存《弘明集》(卷八)中。《论》说:

> 案道家立法,厥品有三:上标老子,次述神仙,下袭张陵。太上为宗,寻柱史嘉遁,实惟大贤,著书论道,贵在无为。理归静一,化本虚柔,然而三世不纪,慧业靡闻。斯乃导俗之良书,非出世之妙经也。若乃神仙小道,名为五通。福极生天,体尽飞腾;神通而未免有漏,寿远而不能无终;功非饵药,德沿业修。于是愚狡方士,伪托遂滋。张陵米贼,述纪升天;葛玄野竖,著传仙公;愚斯惑矣,智可往欤?今祖述李叟,则教失如彼;宪章神仙,则体劣如此。上中为妙,犹不足算,况效陵鲁,醮事章符,设教五斗,欲极三界,以蚊负山,庸讵胜乎?标名大道,而教甚于俗;举号太上,而法穷下愚。何故知耶?贪寿忌夭,含识所同;故肉芝石华,诵以翻腾。好色触情,世所莫异;故黄书御女,诳称地仙。肌革盈虚,群生共爱;故宝惜涕唾,以灌灵根。避灾苦病,民之恒患;故斩得魑魅,以快愚情。凭威恃武,俗之旧风;故吏民钩骑,以动浅心。至于消灾淫术,厌胜奸方,理秽辞辱,非可笔传。事合氓庶,故比屋归宗,是以张角、李弘,毒流汉季;卢循、孙恩,乱盈晋末。余波所被,实蕃有徒。爵非通侯,而轻立民户;瑞无虎竹,而滥求租税。糜费产业,蛊惑士女。运屯则蝎国,世平则蠹民。伤政萌乱,岂与佛同?……(《大正藏》五十二卷五一页)

刘勰对于方术的道教批评得尤其透切。他说用肉芝石华来延寿，借黄书御女来纵欲，宝惜涕唾，斩得魑魅等等，都是术者利用凡愚之情，投人所好，其实没一样是足以称为大道底。北周道安底《二教论》（《广弘明集》卷八）也本着这三品来区分道教。所谓："一者老子无为；二者神仙饵服；三者符箓禁厌。就其章式，大有精粗。粗者厌人杀鬼；精者练尸延寿。更有青箓，受须金帛，王侯受之，则延年益祚；庶人受之，则轻健少疾。"（《大正藏》五十二卷一四一页）

　　这样分法，可以说是得着道家与道教分别底梗概。其中上品之老庄思想，即所谓道家，甚至可以与佛教思想底一部分互相融洽。中品底神仙与下品张陵即所谓道教，在崇拜和信仰方面，与佛教发生不断的冲突。

　　求长生，求享乐，是人类自然的要求，而中国民族便依着这种迷信来产生神仙道和求神仙底方术。后来张陵又把神仙道化成宗教，而成为天师道。所以实际说来，这三品没有截然的分别，后来都混入于天师道里头。如强分别它们，我们只能说道家说无为自然；神仙重炼养服食；张陵用符箓章醮而已。但张陵也祖述老子，以《道德经》为最上的经典。他底立教主旨也是无为自然，只依着符箓章醮来做消灾升仙底阶梯罢了。因此道教也可以名为神仙之宗教化，或神仙回向教。

二　方内道与方外道

　　梁朝底目录学者阮孝绪在他新集底《七录》里根据《汉书·

艺文志》底分类把道分为方外道与方内道。在《七录序》里，列举群书底种类和卷数。在《内篇》里，有《经典》、《记传》、《子兵》、《文集》、《术技》五录，《外篇》分《佛法》、《仙道》二录。《子兵录》里底《道》、《阴阳》等部，《术技录》里底《纬谶》、《五行》、《卜筮》、《杂占》等部，便是方内道家。《仙道录》所分底《经戒》、《服饵》、《房中》、《符图》四部便是方外道教。这个分法大体不差。

三　清静说炼养说服食说及经典科教说

宋马端临《文献通考·经籍考》三十八立道家，五十一、五十二立房中、神仙。其所谓道家含有阮孝绪底道部及仙道。宋、辽、金、元诸史及《续文献通考》（卷一百七十五道家，一百八十五神仙家）也是在道家之外另立神仙家，这似乎不甚妥当。《明史》（卷九十八）《艺文志》首先并为一类。马氏品骘道家为清静、炼养、服食、符箓、经典科教底五说，以为道离清静愈远愈失真。他好像只承认道家思想而轻看道士宗教。但下五品底等次，可以说能揸住道家思想发展底纲领。《文献通考》（卷二百二十五）《道藏书目》条下，作者评说：

按道家之术，杂而多端，先儒之论备矣。盖清净一说也；炼养一说也；服食又一说也；符箓又一说也；经典科教又一说也。黄帝、老子、列御寇、庄周之书，所言者，清净无为而已，而略及炼养之事。服食以下，所不道也。至于赤松子、魏伯阳之徒，则言炼养，而不言清净。卢生、李少君、栾大之徒，则言服食，而不言炼养。张道陵、寇谦之之徒，则言符箓，而俱不言炼养、服食。至杜光庭而下，以及近世黄冠师之徒，则专言经典科教。所谓符箓者，特其教中一事。于是不惟清净无为之说略不能知其旨趣，虽所谓炼养服食之书，亦未尝过而问焉矣。然俱欲冒以老氏为之宗主，而行其教。盖尝即是数说者详其是非。如清净无为之言，曹相国、李文靖师其意而不扰，则足以致治；何晏、王衍乐其诞而自肆，则足以致乱。盖得失相半者也。炼养之说，欧阳文忠公尝删正《黄庭》，朱文公尝称《参同契》。二公大儒，攘斥异端，不遗余力，独不以其说为非。山林独善之士，以此养生全年，固未尝得罪于名教也。至于经典科教之说，尽鄙浅之庸言，黄冠以此逐食，常欲与释子抗衡，而其说较释氏不能三之一，为世患蠹，未为甚距也。独服食、符箓二家，其说本邪僻谬悠，而惑之者罹祸不浅。栾大、李少君、于吉、张津之徒，以此杀其身。柳泌、赵归真之徒以此祸人，而卒自婴其戮。张角、孙恩、吕用之之徒遂以此败人天下国家。然则柱史五千言，曷尝有是乎？盖愈远愈失其真矣。

这五品说是顺着年代底变迁而立底。道家始初本着黄、老、庄、列清净无为底精神，锻炼个人的身体以期达到治理邦国底方则。此后则神仙家如赤松子、魏伯阳诸人，专从事于锻炼。又到后来如卢生、李少君、栾大诸人专以服食为升仙底道路。因此迷信底成分越来越多。到张陵、寇谦之诸人，一方面推老子为教主，一方面用符箓章醮底迷信与宗教仪式。南北底道家多模仿佛教底礼仪,而不及其精神,在经典上又多数模仿佛经。到杜光庭、司马承祯等,只从事于改袭佛经,使道教成为经典科教底末流。这便是所谓"老子之意,愈远愈失其真"。

马端临与刘勰底见解很相同,不过刘勰时代较早,未见到道教后来发展底情形,到马氏时代道教底派别大概已经定了。欧阳修在《删正黄庭经序》里说古时有道而无仙,后人不知无仙而妄学仙,以求长生。不知生死是自然的道理,圣贤以自然之道养自然之生以尽其天年,也就成了。后世贪生之徒,或茹草木,服金石及日月之精光;或息虑,绝欲,炼精气,勤吐纳,这养内之术,或可全形而却疾。所以说,"上智任之自然,其次养内以却疾,最下妄意以贪生。"他底评论只及任自然底道家和服食派与吐纳派底神仙家,却没说到祛病斩鬼底天师道。至于朱子在《语录》(百二十五)说"老子初只是清净无为。清净无为却带得长生不死。后来却只说得长生不死一项。如今恰成个巫祝,专只理会厌禳祈祷。这是经两节变了。"他也是以为道教越来越下。明王祎在《青岩丛录》里也说,"老子之道本于清净无为:以无为为本;以无为而无不为为用。《道德经》五千余言,其要旨不越是矣。先汉以来,文帝之为君,曹参之为臣,常用其道以为治,而民以宁一,则其道固可措之国家天下也。自其学一变而为神仙方技之术,两变而为米巫祭酒之教,遂为异端矣。然而神仙方技之术,又有二焉:曰炼养也,曰服食也。此二者,今全真之教是已。米巫祭酒之教亦有二焉:曰符箓也,曰科教也。此二者今正一之教是已。"王祎底时代比以上诸人晚,除了以全真教属于神仙方技之术,以正一教为属于米巫祭酒之教以外也没有新见解。

四　正真教返俗教训世教

上头三种分法都是道教以外底学者底看法，至于道士们自己底见解，我们可以举出张君房来做代表。他在《云笈七签》（卷三）《道教序》里把道教分为正真之教，返俗之教，和训世之教。

> 正真之教者，无上虚皇为师，元始天尊传授。洎乎玄粹秘于九天，正化敷于代圣：天上则天尊演化于三清众天，大弘真乘，开导仙阶；人间则伏羲受图，轩辕受符，高辛受天经，夏禹受洛书，四圣禀其神灵，五老现于河渚。故有三坟五典，常道之教也。

> 返俗之教者，玄天大圣皇帝以理国理家。灵文真诀，大布人间；金简玉章，广弘天上，欲令天上天下，还淳返朴，契皇风也。

> 训世之教者，夫子伤道德衰丧，阐仁义之道，化乎时俗，将礼智而救乱，则淳厚之风远矣。噫，立教者，圣人救世愍物之心也。悟教则同圣人心。同圣人心，则权实双亡，言诠俱泯，方契不言之理，意象固无存焉。

张君房底分法，实际只有正真与返俗二教，其训世之教直是儒教，所以不能认为最好的分法。总而言之，古初的道家是讲道理，后来的道教是讲迷信。而道士们每采他家之说以为己有，故在教义上常觉得它是驳杂不纯。《史记·太史公自序》说，"道家使人精神专一，动合无形，瞻色著物。其为术也，因阴阳之大顺，采儒墨之善，撮名法之要，与时迁移，应物变化，立俗施事，无所不宜。约旨而易操，事少而功多。"可见汉时底道家已经有这种倾向。太史公极赞道家，以为它有临机应变之术。我们可以看出后来道家或与神仙方士合在一起，或与祭醮符水之天师道合在一起，或与佛教混合起来，或与摩尼教混合（说摩尼为老君之化身，见《化胡经》及《佛祖统记》），到清初所成之《真仙通鉴》，又将基督教之基督及保罗等人列入道教之祖师里。现在又有万教归一之运动，凡外来之宗教无不采取。古来阴阳五行，风水，谶纬等等民间信仰，所信底没有一样不能放在道教底葫芦里头，真真够得上说，"大道氾兮，其可左右"了。

第一章 道底意义

　　道士们用"道"字来称他们底宗教，所以在讲道教以前，当先把道底意义略为述说一下。固然，一切名辞都有它底原本意义和以后发展底解释意义。道底原本意义只是道路，是人所行底道路。到春秋以后，"道"字才附上玄学的意味，因而产出许多解释。最初的解释是宇宙依以运行底轨则便是道，凡宇宙间一切的现象都是道底示现。现象的道是从创造以至化灭底历程，用现在通用的术语便是时间与空间，但在古道家底名辞里便叫做"造化"。造化也就是道底异名。[①] 道底威力非常地大，万物若果顺应它便是有造化，就是说，万物生灭底程序不乱，各依着应历底途程，该生底时候生，该灭底时候灭，彼此该发生关系底时候发生关系，该互相拒绝底时候互相拒绝。天灾人患便是没造化。不当病而病，不应老而老，不该死而死，便是没造化，便是无道。顺应是很要紧的，所以说，"天地以顺动，故日月不过而四时

---

　　① 见《淮南子・原道训》"与造化者俱"，解为道。《淮南》里所用底造化都含有道或时间与空间底意义。

不忒。圣人以顺动，则刑罚清而民服。"①无论道儒，都把这道看为得之则生失之则死底至宝，自然与人间一切的活动都离不了它。

《易经·系辞》（上）里载着"一阴一阳之谓道"，若依这意思把道分析起来，便成天道与地道。《易经·说卦》说："立天之道，曰阴与阳；立地之道，曰柔与刚。"阴阳是属于性的，柔刚是属于质的。合性与质便是整个的道。至于说"立人之道，曰仁与义"，乃是属于事的、为的，或可以说是道示现于人间底活动状态。人道比起天地之道实在算不了什么，不过是对于大道为很渺小的模仿而已。

道家与儒家所讲底道底不同处在前者所注重底是阴阳柔刚之道，后者是仁义之道。儒家也承认人是"共天地之德"；②是"与天地合其德，与日月合其明，与四时合其序，与鬼神合其吉凶"。③所以在《庄子·渔父》里假托孔子底话说，"道者，万物之所由也。庶物失之者死，得之者生。为事，逆之则败，顺之则成。故道之所在，圣人尊之。"仁与不仁，义与不义，是对于道底顺或逆底行为，儒家所注重底只在这一点上，所以只讲人道。子贡说，"夫子之言性与天道不可得而闻。"④这或者是因为孔子看天道近乎神，所以不说罢。⑤《论语》里所讲底道多半是属于人的。

---

① 《易经·坤·文言》。
② 《礼运》。
③ 《易经·文言》。
④ 《论语·公冶长》。
⑤ 天道即神道，例如《易·观·彖》说，"观天之神道而四时不忒。圣人以神设教而天服矣。"

我们也可以说儒底所谓道多从轨则方面看,道家就多从理性方面看。虽然如此,道儒二家都承认顺应天道为善,好像天道是有意志或能感应底存在,简单地说,也可以称它为天或天地。《老子》(七九)说,"天道无亲,常与善人。"与《书经·汤诰》"天道福善祸淫"底口气一致。《老子》这句虽不能认为与道家思想相合,但也可以看为后来道家底意见。可知感应的思想是儒家与以后的道家共同的见解。关于道底意义,以后还要说到,且略于此。

在道教建立以前,古代思想家已经立了多门的道说,其中最重要而与道教有关系底是倡唯道论底道家。

道家在思想发达底顺序上应当是比儒家晚。上面所说儒道二家对于道底见解和注重点不同,便是因为道家要超出人道来建立道说。儒家见周室衰微,礼乐崩废,极望着把它们复兴起来。道家以为礼乐崩废不是大事,最要的当是顺应自然之道。儒家称尧舜,道家便假托二君以前底黄帝。司马迁在《史记自序》里引司马谈述道家底话说:"其为术也,因阴阳之大顺,采儒墨之善,撮名法之要。"这都可以看为道家后于儒家底征验。

第二章　道家思想底建立者老子

　　因为道家思想是后起的，所以"道家"这名辞比起"墨者""儒家"等也可以说时代稍后。在先秦底文籍里有以孔对墨称"孔墨"，或称"儒墨"，但没有称"儒道"底。《史记》(卷五十六)《陈丞相世家》记陈平底话说："我多阴谋，是道家之所禁。"这虽可以说"道家"底名称在汉初已有，但所指是否限于老庄之学，却很难说。《史记·太史公自序》所载司马谈之说和《儒林传》都以这学派为"黄老之术"；《庄子传》称为"老子之术"；《韩非传》称为"黄老"；《陈丞相世家赞》称为"黄帝老子之术"；《曹相国世家》称为"黄老术"；《淮南子·要略篇》称为"老庄之术"。可知当时"道家"底名称不很流行。然而在战国末年，《老子》以来底道家思想几乎弥漫于学人中间，汉初所称底道家，也许可以看为老庄之术底成分很多罢。至于称"黄老之术"，是因为秦汉间老子学说与邹衍底阴阳说混合起来以后底名称。阴阳家推尊黄帝为当时"学者所共术"，其说尤能与道家对于事物消长顺逆之理想参合。

于是黄帝也成为道家所推崇底人物了。[①] 固然在《庄子》里也说过黄帝,不过不像阴阳家把他说得那么重要而已。道家思想底承继和变迁不很明了,把现存底《老子》和《庄子》底内容比较一下,想能够得着多少断定。

甲　老子是谁

老子到底是谁,或谓没有这人,是近来发生底问题。在解答这问题时,随即要回答《老子》是谁底著作。日本津田左右吉先生以为老子是乌有先生一流底人物。[②] 他说在《史记·老子传》里所记老子底事实极不明了,一会说是老莱子,一会说是周太史儋,一会又说他是李耳。可知司马迁时代,老子是谁已有异说,而其中最有力的说法是以老子为老聃。《韩非子·六反篇》引《老子》第四十四章底文句,称为老聃之言。被疑为汉代作品底《庄子·天下篇》有一半见于《老子》;《寓言篇》也引用《老子》第四十一章底文句,所谓老子即是老聃。《淮南·原道训》引《老子》第四十三章底文句;《道应训》引第十四章底文句,也记老聃之言。老聃底名字屡见于《庄子》和《吕氏春秋》里头,可见他是当时为一派底学者所推崇,因为称之为老子。但老聃究竟是谁也不得而知。

崔述在《洙泗考信录》(卷一)里也说"老聃之学,经传未有言者,独记载《曾子问篇》。孔子论礼频及之,然亦非有诡言异论如

① 参看拙著《道家思想与道教》。(《燕京学报》第二期,二六〇页)
② 津田氏《道家思想与其发展》。

世俗所传云云也。战国之时，杨墨并起，皆托古人以自尊其说。儒者方崇孔子，为杨氏说者因托诸老聃以诎孔子；儒者方崇尧舜，为杨氏说者因托黄帝以诎尧舜。以黄帝之时，礼乐未兴，而老聃隐于下位，其迹有近似乎杨氏者也。今《史记》之所载老聃之言皆杨朱之说耳。其文亦似战国诸子，与《论语》、《春秋传》之文绝不类也。"

主张老子为历史人物比较地多。冯友兰先生以为李耳实有其人，而老聃底有无则不得而知。司马迁误以老聃与李耳为一人，故夹杂了许多飘渺恍惚之谈。《道德经》为老子所造，只为隐自己底名字而称为老聃之书。或者李耳之书本名《老子》，表明是一长老人所著，如《汉书·艺文志》中道家有《郑长者》，阴阳家有《南公》，农家有《野老》，《乐毅传》里底河上丈人。《老子》犹言"长者"、"丈人"，皆长老之通称；以《老子》名书，犹《野老》等之例。但今所有之《老子》亦曾经许多次添加修改，不能必谓成于一人之手。日本武内义雄先生也和冯先生一样，用《史记》所载老子子孙底系谱来做老子曾生于人间底根据。[①] 所不同者，他认老聃便是老子。《史记》记老子为孔子底前辈，就当纪元前五百年前后底人物，而在《传》后又载老子以下八代底子孙，说假仕于汉孝文帝，假子解为胶西王卬太傅，因家于齐。胶西王死于汉景帝三年（西纪前一五四），今以三十年为一代推算起来，从西纪前一百五十四年上推二百四五十年老子便成为西纪前四百年前后底人物。这与孔老会见底传说底年代相差约一百年。司马迁

---

① 冯友兰：《中国哲学史》上卷。

采用俗说，以老子寿长百六十岁或二百余岁，表面虽可免于矛盾，但这样长寿，于事实上恐怕不能有。孔老会见底事情恐怕是出于老庄后学所捏造。至于老子子孙底系谱，《史记》以外底文献全然没有。司马谈曾从黄生学道家之说，可知这种记载是依据黄生所传底材料得来底。但司马谈是景帝时人，与系谱中最后一人同时，所以从老子底子孙直接说出也很可能。《史记》载老子底子孙为：

老聃—宗—注—宫—○—○—○—假—解

此中老子之子宗为魏将，封于段干，《史记·魏世家》及《战国策》都记魏将段干崇底名字，日本如斋藤拙堂诸人以为便是老子之子宗，恐怕还是宗之子孙较为适宜。但这些说法都没有充分的证据，不能执为定论。武内先生以为老子当与子思、墨翟同时，《论语》没说到他也是当然的事。[①]

至于孔子问礼于老子底事，若把《曾子问》与《史记·老子传》比较起来，便知二者底思想不同。若依《老子》(三十八章)"失道而后德，失德而后仁，失仁而后义，失义而后礼。礼者忠信之薄而乱之首。……"也可以理会老子也是楚狂、长沮、桀溺一流的人物，岂是孔子所要请益底人？孔老相见底传说想在道家成派以后。在《吕氏春秋·二月纪·当染篇》里有孔子学于老聃底记载，问礼底传说大概是从这里来底罢。《史记·孔子世家》

---

① 武内义雄：《老子与庄子》四八—一四七页。

对于孔子问礼底事也用怀疑的语气,说:"适周问礼,盖见老子云。"可见司马迁也不信孔子与老子有何等真切的关系。

将老聃和孔子放在同时代最古的文字是《吕氏春秋》与《庄子》。《吕氏春秋》是战国末年底书,《庄子》记孔老底那几篇也几乎是与这书同时。在《吕氏春秋》以前,没有孔老相见底说法,可见这是道家得势后底附会。

老子思想与孔子思想是立在对抗的地位上,《庄子》中关于孔老问答底那几篇便是本着这点写成底。所谓"楚人",是因道家思想起自南方。儒家思想是北方所产。北方底尧、舜、禹、汤、文、武、周公、孔子之道与南方黄帝、神农、许由、老子之道相对抗。战国末年,南方与道家思想有密切关系,所以倡行道家底宗师多被定为南方人。如《吕氏春秋·慎行论·求人篇》载许由生于"沛泽之中",《孝行览·慎人篇》又说他是颍阳人。《孟子》所说神农之道,也是在楚国盛行底。称老子为楚人,本不必限于楚国本境,因为战国末年,南方诸国都称为楚。

关于老子底乡里,《史记》说是楚苦县厉乡曲仁里,而《庄子·天运篇》及《寓言篇》都说老聃是沛人。《史记》说老子出关,莫知所终,而《庄子·养生主》却记载老子死底故事。今本《史记》说老子"姓李氏名耳,字伯阳,谥曰聃"。《索隐本》载"名耳字聃",而无字谥。以李为姓,《正义》与《索隐》底说明都是神话,为什么名聃,也没有的解。《汉书·艺文志·老子邻氏经传四篇》注说"姓李名耳",恐怕以老子为姓李是刘向父子底时代流行的说法。《吕氏春秋·仲春纪·当染篇》"舜染于许由、伯阳"句下,高诱注说:"伯阳,盖老子也,舜时师之者也。"时代越后，老子所授底徒弟越古，越到后来，他便成为开天辟地以前底神灵了。以伯阳为老子底字，葛洪底《神仙传》是本于高诱底注而来底。以老子为周守藏室之史底传说或者本于《庄子·天道篇》，而《孔子世家》采用其说。但《天道篇》所记全是假托，不足凭信。

《史记》又说老子或是老莱子，或是周太史儋。太史儋是秦献公时人，后于孔子百余年。他底惟一事迹见于《史记·周本纪》所说："始周与秦国合而别；别五百载复合；合十七岁而霸王者出焉。"这个是周命将终，秦祚当兴底预言，总是出于秦孝公以后底话。司马迁也不能断定，所以说，"或曰儋即老子，或曰非也。世莫知其然否。"《索隐》与《正义》都不以老子即太史儋为然。其次，老莱子即老子底说法也不可信。司马迁自己对于这层也有疑窦，所以用"或曰"底语气。或者自"或曰老莱子亦楚人也"，至"与孔子同时云"一段，只明老莱子也是个道家，不一定就是老子。《史记·老子传》记老莱子著书十五篇（《汉书·艺文志》作十六篇），言道家之用，明示与老子著书上下篇言道德之意是两个人和两部不同的著作。老莱子在《楚策》里是教孔子以事君之道底人；《庄子·外物篇》也记他与仲尼底谈话。此外，《大戴礼·卫将军文子篇》也记他对于孔子底批评。关于老莱子底文献只此而已。然而《国策》所记只能视为战国时代底传说；《外物篇》与《卫将军文子篇》都是汉代作品，所说无疑是汉人底话。还有刘向底《列女传》记老莱子七十斑衣娱亲底故事，恐怕也是小说家言罢。看来，老莱子底名字在先秦时代人知道底很少。老莱子十五篇今不传，现在仅见于李善《文选注》所引《尸子》底逸文一句,说:"尸子曰:《老莱子》曰,人生天地之间,寄也。寄者固也。"(《文选》魏文帝《善哉行注》)总而言之,以太史儋为老聃,恐怕是儋聃同音所致;以老莱子为老子,为楚人,恐怕也是影射老聃或学宗道家而冠以"老"字底罢。冠老字底著作如《老成子》,《老莱子》,多与道家有关,也许是一种称号。

老子与关尹底关系,依《史记》,《道德经》是为关尹而作。关尹底名见于《吕氏春秋·审分览·不二篇》,说:"老聃贵柔,孔子贵仁,墨翟贵廉,关尹贵清,子列子贵虚,陈骈贵齐,阳生贵己,孙膑贵势,儿良贵后。"《庄子·天下篇》也将老子和关尹并称。可见在战国末年,关尹学派与其他学派并行,因为贵清、贵虚、贵齐等派,与老子底贵柔很接近,渐次混成道家底派别,老关底关系想是这时代底假托。说老子寿百六十余岁或二百岁,也是从战国末年道家养生底思想而来底。

乙　道德经

现在的《老子》是否老子底原作,也是一个问题。《汉书·艺文志》载《老子邻氏经传》四篇,《老子傅氏经说》三十七篇,《老子徐氏经说》六篇,刘向《说老子》四篇,可惜现在都见不着,无从参证。从经内底章句与思想看来,因为矛盾之处甚多,故可以断定其中必有许多后加的文句。如果现存的《老子》没经过后人增改,在文体上应当首尾一致,但其中有些章句完全是韵文(如第二十一章),有些完全是散文(如第六十七章),又在同一韵文里,有些类似骚赋,有些同于箴铭;同一散文,有些是格言,有些是治术，甚至有些羼入经注。① 仅仅五千文底一小册，文体便那么不一致，若说是一个人一气写下来底，就未免有点牵强。《史记》说，老子著书"言道德之意五千余言"，从现存本看来很难说与汉初底本子相同，有许多可以看为汉代加入底文字。如《庄子·天下篇》所引老聃之言："人皆取先，己独取后。""受天下之垢，人皆取实，己独取虚。无藏也，故有余。岿然而有余，其行身也，徐而不费。无为也，而巧笑。人皆求福，己独曲全。""苟免于咎，以深为根，以约为纪。""坚则毁矣，锐则锉矣。常宽容于物，不削于人。"这些文句都不见于现存的《老子》。其他如，"知其雄……"，"知其白……"，"受国之垢"，"曲则全"，"深根"，"挫其锐"，则散见于今本《老子》，但表现法和思想多与今本不同。这大概是由于引用者底误记，或传诵间所生底伪讹吧。或者今本《老子》是取原本一部分的文句，加上辑者以为是老子底话而成，故此现出许多断片的格言。② 汉代著作所引底《老子》几乎都与今本不同。如《韩非》底《解老》、《喻老》，《淮南》底《道应训》、《原道训》、《齐俗训》、《诠言训》、《人间训》，《韩诗外传》、《史记·货殖传》中所引底《老子》，只有《解老》中底一句是今本所存底。可知今本是后改底本子，不是原本。

从思想方面看来，今本《老子》有许多不调和底地方。如六

---

① 如六十七章"是以圣人处上而民不重，处前而民不害"是上句"是以圣人欲上民，必以言下之，欲先民，必以身后之"底解释，又如二十二，二十三，五十四诸章底一部分，及八十章，都是散文，与其他文体不合。

② 若把今本《老子》二章与十章、三十四章、七十七章比较，三章与六十四章比较，四章与五十六章比较，十章与五十一章比较，二十二章与六十六章比较，三十章与五十五章比较，三十二章与三十七章、四十四章比较，三十四章与六十三章比较，三十七章与四十八章比较，便知其中重复之句颇多，或不重复意义也相同。

十七章所立底"三宝"不能与排斥仁义礼名底态度相融洽。不重视善恶区别底道家思想,也不能与七十九章底"天道无亲,常与善人"相调和。"取天下"(二十九、四十八、五十七章)也不与崇尚无为底见解一致。五十四章底子孙祭祀、列记乡国天下,生死、摄生(五十章),长生久视(五十九章),兵(三十及六十九章),"立天子,置三公"(六十二章),"圣人用之,以为官长"(二十八章),简直不是道家底话。又众人与我底分别(二十章),天道与人道底对举(七十七章),都与说柔弱、说退、说屈等精神不和。这些都可看出《道德经》中所表示底思想底混杂。再进一步考察起来,老子底根本思想,在《道德经》中也有与它冲突之处。拿"失道而后德"(三十八章)来和"孔德之容,惟道是从"(二十一章)与"道者同于道,德者同于德"(二十三章)比较;"上仁为之而无以为,上义为之而有以为"(三十八章)与"大道废有仁义"及"绝仁弃义,民复孝慈"比较;五章底"天地不仁"以下几句与四十九章底"善者吾善之,不善者吾亦善之"、"善之与恶,相去何若"(二十章)、"天下皆知善之为善,斯不善已"(二章)、"善,人之宝;不善,人之所保"(六十二章)比较起来,不能不说彼此底矛盾处很多。

今本《老子》有些地方夹入俚谚,有些是引用他书底文句。如"曲则全"(二十二章)之后,便说"古之所谓'曲则全'",是用古谚底证据。八十章底"甘其食,美其服,安其居,乐其俗,邻国相望,鸡犬之声相闻,民至老死不相往来",也见于《庄子·胠箧篇》。十三章底"故贵以身为天下,若可寄天下;爱以身为天下,若可托天下",与《庄子·在宥篇》相同。恐怕是辑《老子》底人改窜《庄子》而来底。又如"善者不辩,辩者不善"(八十一章),是战国末年流行底辩者所说,在老子时代恐怕也不能有。又三十六章"将欲翕之,必固张之"等句明是一种方略,与主张虚静无为底老子思想全然不同。这文句在《战国策》与《韩非子》中同说为引《周书》之文。所谓《周书》即《周书阴符》或《太公阴符》,为阴谋家与纵横家所尊崇底经典。这些文句是阴谋家言行羼入《老子》里头。又,十八、十九两章底仁义等句,明是反对高唱仁义底儒家。孔子虽常说仁与义,却未尝把仁义连起来成为一个名辞。[①]仁义是孔子以后底儒家术语。孟子力说仁义,然而《孟子》全书,并没提到这排斥仁义最力底老子。如果《老子》之说为当时所流行底,孟子不能不攻击他。这章恐怕是孟子以后之文。在道家系统中,与这章最相近底主张是法家慎到底说法,恐怕也是慎子一派之言羼入《老子》里头底。这样看来,今本《老子》直像一部从多方面选录底道家教科书,思想与文体都呈混杂的状态。最低限度,也可以说是原本《老子》底增改本。在《论语》及《孟子》里,我们可以看见孔、孟底人格活跃在纸上;在《道德经》中却不能找出老子底真性格,所以怀疑老子不是历史人物也未尝不可。

然则《道德经》原本底作者及其时代是否相传底老子又是另一问题,津田先生以为从《荀子·天论》对于老子底批评"老子有见于诎,无见于信"看来,这书当成于《孟子》以后,《荀子》以前,作者大约是西历纪元前三百年左右底人物。武内先生以为老聃是西历纪元前四百年前后底人物,而《道德经》当成于纪元前二

---

① 这当然是以《论语》为限,《庄子》《大宗师》、《天道》、《天运》诸篇,《韩非·五蠹篇》,《礼记》底《表记》、《中庸》也记孔子说仁义,但都是后人指为或假托孔子之言。

百四十年顷。老子以后百数十年间,其思想传授底历程不得而知。现存《老子》里底有韵部分大概比其余散文部分较古。《荀子·解蔽篇》中有"《道经》曰:人心之危,道心之微"底引文。《道经》这名字,暗示着在荀子时代道家底书不止《老子》一部。再者,当时道家不但有像儒家底经,并且也有传。《荀子·修身篇》引"《传》曰,君子役物,小人役于物"一句,与《庄子·山木篇》"物物而不物于物"底见解相同,可知这所谓"传",是道传。《解蔽篇》有"虚一而静","至人","无为",《礼论》中有"太一"等辞,都是出于道书底。在《老子》里没有"太一","至人"。《庄子·天下篇》叙关尹老聃之道,说:"建之以常无有,主之以太一。"这名辞后来屡见于《吕氏春秋》(《仲夏纪·大乐》《审分览》诸篇)。"至人"这辞见于《庄子·逍遥游》:"故曰至人无己,神人无功,圣人无名。"《老子》中只有"圣人",故《解蔽》所用底"至人"是从以前的道书得来底。《庄子》中底"故曰"底下底文句多是引用早期的道书。可知在现存的《老子》未被修辑以前当有许多别行底道家经籍。《列子·天瑞篇》"谷神不死"一段是今本《老子》所载,而书却冠以"黄帝书"底名称。同篇别段也有这名字。又《力命篇》及《庄子·知北游》底黄帝之言亦见于《老子》。当时的道书多半是佚了,只剩下些被采入《老》、《庄》等书底引句。打开《老子》底时候,读者当注意到这一层。

丙　老子底思想

从现存《老子》看来,通篇首尾,除掉十篇左右以外,都是说明治天下与处世底法术。其中所谓"道"、"德"、"虚静"、"得一"、"无为"、"无欲"、"不争"、"自然"、"柔"、"损"等都不外是政治底方术、成功和保全身命底道理。它含有很浓厚的法家思想,恐怕是法家底学者将道家底《老子》原本改订底。《庄子·天下篇》评论周末诸子之学:一论墨翟、禽滑釐,二论宋钘、尹文,三论彭蒙、田骈、慎到,四论老聃、关尹,五论庄周。《天下篇》可以看为《庄子》底跋,作者把庄子放在五派底末了,可知为庄周底后学所作。作者评老关底学说说:

> 以本为精,以物为粗,以有积为不足,淡然独与神明居。古之道术有在于是者,关尹、老聃闻其风而说之。建之以常无有;主之以太一;以濡弱谦下为表;以空虚不毁万物为实。
>
> 关尹曰:在己无居,形物自著。其动若水,其静若镜,其应若响。芴乎若亡,寂乎若清。同焉者和,得焉者失。未尝先人,而尝后人。
>
> 老聃曰:知其雄,守其雌,为天下谿。知其白,守其辱,为天下谷。人皆取先,己独取后。曰:受天下之垢。人皆取实,己独取虚。无藏也,故有余,岿然而有余。其行身也,徐而不费,无为也而巧笑。人皆求福,己独曲全。曰:苟免于咎,以深为根,以约为纪。曰:坚则毁矣。锐则挫矣。常宽容于物,不削于人,可谓至极。
>
> 关尹、老聃乎,古之博大真人哉!

这里所引老聃之言和现今的《老子》不甚一致,作者大概是师承庄周所传底老聃底话；至于今本《老子》或者是师承法家学者所传底老子底话。从这两派底异传，我们可以推测老子思想底原型。《天下篇》所传可以说是正统道家底思想。正统道家思想底出发点在辨别存在现象底精粗。存在底本体是精的，现象是粗的。凡是体积底事物都不足以当道底本体，所以独要淡然向着超体积底神明去求。这神明便是本。本即是常恒不易而超乎现象底无。从产生万物底功能说，便名为有。有万物底实体本是虚空无有，所以存于万物中间而不毁万物。因为万物底本性不毁，人生不能有何等造就或改革或毁坏。所以处世贵乎顺从，无为，濡弱，谦下。这些话，归纳起来，不过两端，一是玄学方面底太一论，一是实用方面底谦弱论。

老聃、关尹以现象底本体为太一、"常无有"来说明。"太一"不见于今本《老子》。在今本中只有"大"（第二十五章）与"一"（第十四，三十九，四十九章）。太一底最早的解释，当以《吕氏春秋·大乐篇》"道也者，至精也，不可为形，不可为名，强为之，谓之太一"这一句为最近于老聃底意思。太一便是道底别名。今本《老子》第二十五章，俗名这先天地生底物曰道，曰大，和《大乐篇》强名之为太一底说法很相同。又，今本《老子》第三十九章所要得底"一"与第十章所要抱底"一"，都是指道而言。老聃、关尹举出"常，无，有"三个字来说明太一，今本《老子》第一章解不可道之道为常，天地之始为无，万物之母为有，可以参照。

老聃、关尹底谦弱论在《天下篇》所引比较地详明。关尹说，"在己无居，形物自著。……得焉者失。未尝先人，而尝随人。"老聃说要守雌，守辱，取后，取虚，无藏，无为等。这些是他底处世金针，和今本《庄子》底意思相同。谦弱论底大意是以为道底运行，在感觉中只见相对的现象，如今本《老子》第二十九章说，物是或行，或随，或歔，或吹，或强，或羸，或培，或堕；又如第二章所说，有无相生，难易相成，长短相形，高下相倾，音声相和，前后相随；又如第五十八章所说底祸福相倚伏。大道在运行底历程上必有这种相对的现象，世人若偏执一面，如执有舍无，就易避难，舍短取长，乃至恶卑好高，趋福避祸，都能使人生陷于不安，竞争从此而起，灾难从此而生，直至把道失掉。谦弱论便是对这些有对的和积极的见解所下底方药。

以上是对于老、关学说底本来面目底推测，若依今本《老子》，我们便能够了解得详细一点。但要注意它是法家的道学。今本《老子》也偏重处世一方面底方术，对于道底本质也谈得不详尽。现在将其中底道论与人生论分析在下面。

丁　道论

《老子》底道论是全部思想底根据。道可以从两方面看，一是宇宙生成底解析，二是万物本性底说明。第十四章说："视之不见名曰夷，听之不闻名曰希，搏之不得名曰微。此三者不可致诘，故混而为一。其上不皦，其下不昧，绳绳不可名，复归于无物。是谓无状之状，无物之象。是谓恍惚。"第二十一章说："道之为物，惟恍惟惚。惚兮恍兮，其中有象。恍兮惚兮，其中有物。窈兮冥兮，其中有精。"第二十五章说："有物混成，先天地生。寂兮寥兮，独立不改，周行而不殆，可以为天下母，吾不知其名，字之曰道。"道是感觉器官不能完全理解底实体，所以名之为恍惚。宇宙底生成是从道而来。第四十章说："天下万物生于有，有生于无。"无，依上头底意思是道底别名，不过今本《老子》已将有、无、一、万物，排成次序了。所以四十二章说，"道生一，一生二，二生三，三生万物。"道是万物底混沌或恍惚状态。一是成了形质底最初元。二是阴阳。三是阴阳开展底最初状态，从此以后，便成为繁复的物。书中所谓"无状之状，无物之象"（十四章），"有物""有象"（二十一章）都是说明从混沌生出万物以前所含底生成底能。《老子》只说明生底现象，却没说明怎样生法。大概作者只认定有一个内在的道为宇宙本体，一切不能离开它，它是一切事物底理法和准则。所以说"以道莅天下，其鬼不神。"（六十章）又说"上善若水。水善利万物而不争，处众人之所恶，故几于道。"（八章）人生当以这自然存在底道为准则，然后能得安宁。在这里，不能不把道底本性指示出来。"道常无为，而无不为。"（三十七章）"生而不有，为而不恃，长而不宰，是谓玄德。"（十章）"致虚极，守静笃，万物并作，吾以观复。夫物芸芸，各复归其根。归根曰静，是谓复命。"（十六章）看来，万物底本性是不有、不恃、不宰、致虚、守静。总而言之，它是有生底进程，却没有生底欲望，有养育底德，却不居其功。第三十四章说："大道氾兮，其可左右。万物恃之而生而不辞，功成不名有，衣养万物而不为主。常无欲，可名于小。万物归焉而不为主，可名为大。以其终不自为大，故能成其大。"道底本性既然如此，从它产生底万物也不能不同。因此人也当随着这个准则去过日子。

宇宙生成底说明在先秦底文献中没有详细的记载。儒家底典籍更不谈这个。古代中国所注重底知识只在与人间有密切关系底道德、政治、处世、立身等等上头，至于宇宙如何生成，却没人注意到。《淮南子·天文训》载，"天坠未形，冯冯翼翼，洞洞漏漏，故曰大昭。道始于虚霩。霩生宇宙，宇宙生元气。元气有涯垠。清阳者薄靡而为天，重浊者凝滞而为地。清妙之合专易，重浊之凝竭难。故天先成而地后定。"这是后来的道家知识进步了，对于天地剖判底程序才有清阳为天，重浊为地底说明。"天地剖判"初见于《史记·孟子荀卿传》引邹衍底话，恐怕最初注视这个问题底是阴阳家。到吴时徐整底《三五历记》便有"未有天地之时，混沌状如鸡子"，和盘古开天辟地底神话，这也许是南方底传说，或印度金卵化生说底传入。《老子》底宇宙生成底见解，是从阴阳家得来底。

其次，在《老子》里也有几处说到天道。天在中国是支配人生底尊体，是宗教崇拜上底最高对象。《尚书》屡言天命，《论语》也常见天。对于天底理解纯是依于人间生活，拟之为人。故天有意志，有感情，能歆受人间底祭祀。天命是超乎人间能力所能左右底命运，宇宙间所以有秩序，便是因为有了它。但宇宙并非天所创造，乃是自然生成。这生成底力是天之德。天底思想到孟子时代已很发达，但儒家并不十分看重天命，只以它为宇宙一定的法理。《论语·公冶长》记夫子之言性与天道不可得而闻；孟子说诚是天道，思诚是人道，人所重在人道，因它含有伦理的意义。《老子》里底天是自然、无为，所以说，"不出户，知天下，不窥牖，见天道。"（三十九章）又说："天道其犹张弓乎！高者抑之，下者举之，有余者抑之，不足者补之。天之道损有余而补不足，人之道则不然，损不足以奉有余。"（六十四章）又"天之道不争而善胜，不言而善应，不召而自来，坦然而善谋。"（六十一章）这些都是以天道为至公无私，不求自在，不为自成底意思。故说："治人事天莫如啬。"（五十章）"人法地，地法天，天法道，道法自然。"（二十一章）也是指明一切都是取法自然底意思。

戊　人生论

《老子》底人生论是依据道底本性来说明底。这也可以从两方面来说明：一是人生底归宿，一是生活底方术。人生底归宿属于历史哲学底范围。《老子》所主张底是一种尚古主义，要从纷乱不安的生活跑向虚静的道。人间的文明从道底观点说来，是越进展越离开道底本性。第十八章说："大道废有仁义；智慧出有大伪；六亲不和有孝慈；国家昏乱有忠臣。"十四章说："执古之道，以御今之有，能知古始，是谓道纪。"又，第三十九章说："昔之得一者，天得一以清；地得一以宁；神得一以灵；谷得一以盈；万物得一以生"，乃至"侯王得一以为天下贞"。这样崇尚古昔，所谓仁义、智慧、忠孝等，都是大道废后的发展。古昔大道流行，人生没有大过大善、大智大愚、大孝大慈等等分别。所以要"绝圣弃智"，使"民利百倍"。"绝仁弃义，使民复孝慈。"（十九章）古时没有仁义、忠孝、智慧等名目，却有其实；现在空有其名，却是离实很远。

《老子》底历史哲学既然是一种尚古主义，它底生活方术便立在这基础上头。生活方术可以分为修己治人两方面。修己方面，《老子》所主张底，如第十章所举底"玄德"，乃至不争，无尤（九章），任自然（十七章），尚柔弱（三十六，七十八章），不以身先天下（七章），知足，知止（四十四章）等都是。崇尚谦弱，在修己方面固然很容易了解，但在治人方面，有时免不了要发生矛盾。《老子》底历史观并不彻底，所以在治人底理论上也欠沉重。因为道是无为，故说"我无为而民自化"（五十七章），"圣人无为，故无败"（六十四章）。一个统治天下底圣人须要无欲得一（三十九章），"常使民无知"（三章）。此外还要排除名言，弃绝智慧，三十二章说："道常无名，朴虽小，天下莫能臣也，侯王若能守之，万物将自宾。"又二章说："圣人处无为之事，行不言之教。"六十五章说："民之难治以其智多。故以智治国，国之贼。不以智治国，国之福。"这些话说得容易，要做得成，却是很难。我们说它底不沉重便在这里。取天下与治天下便是欲望所在，也必得有所作为，这样，道底本性所谓无欲无为从哪里实现出来呢？若说"无为而无不为"，无不为说得通，无为便说不通了。治天下既不以仁义礼信，一切都在静默中过活，如果这个便是无为，那么守静底守，致虚底致，抱一底抱，得一底得，乃绝仁弃义底绝底弃，算为不算呢？又，治天下即不能无所作为，保存生命即不能无欲。总而言之，《老子》底人生论在根本上不免与道相矛盾。这个明是讲治术底法家硬把与他不相干底道家所主张底道论放在政治术里所露出来底破绽。假如说《老子》里所指底道应作两面观，一是超乎现象，混混沌沌底道，或根本道；一是从根本道所生，而存于万物当中底道，或变易道，那么这道底两方面底关系如何，也不能找出。

人生底根本欲望是生底意志，如果修己治人要无欲无为，就不能不否定人间，像佛教一样，主张除灭意志和无生。现在书中找不出一句含有这种意义底句子。《老子》也含有中国思想底特性，每一说理便是解释现实生活底直接问题，不但肯定人生，并且指示怎样保持底方术。人底本性与道底本质底关系如何，《老子》一样地没有说明，甚至现出矛盾。如五十六章"知者不言，言者不知"，是书中最矛盾的一句话。知者和言者都是有为，不言可以说是无作为，不知却不能说是无为。既然主张无为，行不言之教，为什么还立个知者？既然弃知，瞎说一气，岂不更妙！大概这两句是当时流俗的谣谚，编《老子》底引来讽世底。《老子》中这类矛盾思想大抵都含着时代的背景。编者或撰者抱着反抗当时的文化、道德和政治的意思。在那时候，人君以术临民，人民以智巧相欺，越讲道德仁义，人生越乱，于是感到教育无功，政治无效，智慧无利，言说无补。在文化史上，这种主张每出现于社会极乱底时代，是颓废的，消极的。这种思想家，对于人生只理会它底腐败的、恶的、破坏的和失败的方面，甚至执持诡辩家或嬉笑怒骂底态度。他对于现实底不满常缺乏革新底理想，常主张复古。这可以叫做黑暗时代哲学，或乱世哲学。

乱世哲学底中心思潮只能溢出两条路，一是反抗既成的组织与已立的学说，二是信仰机械的或定命的生活。走这两条路底结果，是返古主义与柔顺主义。因为目前的制度、思想等，都被看为致乱底根由，任你怎样创立新法，只会越弄越坏，倒不如回到太古的朴素生活好。又，无论你怎样创制，也逃不了已定的命运，逃不了那最根本的法理或道。这思想底归宿，对于前途定抱悲观，对于自我定成为独善主义甚至利己主义。在《老子》里尽力地反对仁义孝慈，鼓吹反到古初的大道。伦常的观念一点也没有，所以善恶底界限也不必分明。第二十章"善之与恶，相去若何？"便是善恶为无分别底口气。在实际生活上，这是不成的，《老子》里所说底道尽管玄妙，在实践上免不了显出底疏忽和矛盾底原故即在这上头。不讲道德，不谈制度，便来说取天下，结果非到说出自欺欺人底话不可。

《老子》底玄学也很支离，并不深妙。所说一生二，乃至生万物，并未说明为什么这样生法。道因何而有？欲因何而生？"玄之又玄"是什么意思？编纂者或作者都没说明。我们到处可以看出书中回避深沉的思索和表示冥想及神秘的心态。佛家否定理智，却常行超越理智底静虑，把达到无念无想底境地来做思维底目的。道家不但没有这个，反要依赖理智去过生活。这样，无论如何，谈不到玄理，只能在常识底范围里说一两句聪明话，什么"婴儿""赤子""侯王""刍狗""雌雄""玄牝之门"等等，都搬出来了。这样的思想只能算是常识的思考，在思想程度上算不了什么，因为它底根本精神只在说明怎样过日子。如果硬要加个哲学底徽号，至多只能说是处世哲学罢了。

己　老子底论敌

在《老子》里虽然没有引出任何学派底书来加反驳，但从论调推测起来，可以知道它底论敌是儒家。反对儒家，在《老子》以前有杨墨之说，在《老子》里还可以看出作者也和杨墨同在一条阵线上头。最显著的如主张不争，是墨子底说法；使民至老死不相往来，是杨子为我底又一方面。

《老子》立"无言之教"，明是反抗《论语》、《孟子》底重教思想。《子路》："既富矣，又何加焉？曰：教之。""善人教民七年亦可以即戎矣。"《滕文公上》："人之有道也，饱食暖衣，逸居而无教，则近于禽兽。圣人有忧之，使契为司徒，教以人伦。"《论语》、《孟子》所说底道，如"吾道"（《里仁》），"尧舜之道"（《公孙丑下》、《离娄上》、《告子下》、《万章上》），"先王之道"（《滕文公上》、《离娄上》），"圣人之道"（《滕文公上》），"周公仲尼之道"（《滕文公上》），"古之道"（《离娄上》）等，都是指示人所立底道，人所建立便是教育。教育底目的在使人成为圣贤，最低也不会去做小人。所以成为贤人君子底条件便是仁、义、礼、智等等美德。《孟子》说，"仁之实，事亲是也。义之实，从兄是也。"《老子》对于孝悌，反说"绝仁弃义，民复孝慈"。《孟子》以人有仁、义、礼、智底本性，这便是道。《老子》反对这说法，以为道失而后有仁、义、礼等等违道底教训。《孟子》里没把礼乐连起来，在《老子》里也没有提出，它只反对仁义，因为礼乐底主张还是后起，到庄子便加以排斥了。儒家之所谓道就是《老子》底常道。《老子》所立底是超乎常道底道。儒家理想的完人是圣人。能够设教安民，如尧舜禹汤文武周公孔子，都是圣人，《老子》在这一点上并没十分反对，只注重在无为而治上头而已。孟子底王道论也与《老子》底"取天下"底理想很相近，所差底只在不用仁义去取。

重教主义本与性善论自相矛盾。因为人性如果是善，就无须教，任它自然发展就够了。孟子既然主张性善论，同时又要用仁义来教人，在《老子》底作者看来，实在是不彻底。尤其是像无仁义则与犬牛无别，或逸居而无教则近于禽兽一类底见解，老子以为不必有。善既是自然本性，就无所谓仁义善恶，无须再教。太古时代，没有善恶之分，仁义之教，人人都像婴儿，却不像禽兽。如果孟子只主张保持赤子之心，那便和《老子》反于婴儿底见解相同。这便是不言之教，无为而民自化底理想。《老子》里底圣人是不教，教只有越教越坏。有仁义便有诈伪，因为同是属于人为，并不是本性。这样讲到极点，势不能不主张绝圣弃智底婴儿论。儒道底不同在前者以教化为圣人底作为，后者却以一切人为的道德标准都足以戕贼善性。所以道家底性善论比孟子底更站得住。如果把儒道两家底性善论分别说出来，或者可以名道家底为性本善论，儒家底是性禀善论。王充说："孟子作性善之篇，以为人性皆善。及其不善，物乱之也。谓人生于天地，皆禀善性。长大与物交接者放纵悖乱，不善日以生矣。若孟子之言，人幼小之时，无有不善也。"[①]禀善论者以为人禀善性，但有染污底可能，一与物接，必当悖乱，故须以教化纠正它。这实与性恶论没有什么不同。本善论者以为善是本然，不须教化，自然而然地会好起来。鹄本来白，怎样把它染黑了，至终还会返回原来的白；鸦本来黑，怎样把它染白了，至终还是恢复原来的黑。人性善便是善，教化

———————————

① 《论衡·本性论》。

不能改移它，若把教化去掉就成功了。在《老子》以前，杨墨也排斥儒家，所以孟子也斥杨墨。道家排斥智慧，也是与法家同一阵线。战国时诸家多以智为违背自然，"绝圣弃智"底理想因此弥漫，故孟子排解智底原故说："所恶于智者，为其凿也。"（《离娄下》）这正是指出道家底见解。

第三章　老子以后底道家

假使老聃是西历纪元前四百年前后底人物，离他最近的后学应是关尹、杨朱和列子。关尹与杨朱和老聃特有关系，可惜他们底著作不传，我们不能详知他们底思想。《汉书·艺文志》载《关尹子》九篇底书名。但现存的《关尹子》乃是后人伪撰，并非原书。杨朱底思想只存于《列子·杨朱篇》，他底生平更无从知道。列子底著作，在《汉书·艺文志》有《列子》八篇，但现存的《列子》也不是原本。现在且从别的书上略把这三位底思想述说一下。

甲　关尹子

《史记·老子传》载老子出关时，关尹问道，老子乃作《道德经》五千余言，他或者承传老聃学说底第一代弟子。《吕氏春秋·不二篇》说老关底学派，以老贵柔，关尹贵清。柔与清底区别，单凭一个字，无论如何不能找出。传为刘向所上底《关尹子序》也没将书中大意揭示出来，从"章首皆有关尹子曰四字"至

"使人冷冷轻轻，不使人狂"数句，也不能得着什么意思。《文献通考》记此《序》不类刘向文字，恐怕关尹底著作早已佚了。我们从《庄子·天下篇》中可以窥见他底思想底一斑。

> 以本为精，以物为粗，以有积为不足，澹然独与神明居。古之道术有在于是者，关尹老聃闻其风而悦之。建之以常无有，主之以太一。以濡弱谦下为表，以空虚不毁万物为实。
>
> 关尹曰：在己无居，形物自著。其动若水，其静若镜，其应若响。芴乎若亡，寂乎若清。同焉者和，得焉者失。未尝先人，而尝随人。

从这几句看来，前面"以本为精，以物为粗"等句是老关共主之说，"在己无居，形物自著"等句是关尹底特说。他们同在处世法上立论，而关尹则主以心不为外物所扰为归。他底学说是清静说。在《老子》里也有主静底文句（三十七章，五十七章），或者关尹是发扬这论点底人。

乙　杨子

杨子底生平更属暗昧，现在只能从《列子》、《庄子》、《韩非子》等书窥见他底学说底大概。《列子·黄帝篇》记杨朱于沛受老聃底教。此外，《荀子》《非十二子》《解蔽》，《列子》《周穆王》、《仲尼》、《力命》、《说符》诸篇，《庄子·天下》，《史记·太史公自序》都见杨朱底名字。《吕氏春秋·审分览·不二》有"阳生贵己"底评，《孟子》、《庄子》也往往有"杨墨"底称呼。可见他底学说在战国时代极普遍。《淮南子·氾论训》说："兼爱，尚贤，右鬼，非命，墨子之所立也，而杨子非之。全性保真，不以物累形，杨子之所立也，而孟子非之。"这话与孟子所记底意义相似。《杨朱篇》里，禽滑釐与杨朱底论辩，也可以看出老关思想与杨子底关系。文里记着：

　　杨朱曰：伯成子高不以一毫利物，舍国而隐耕。大禹不以一身自利，一体偏枯。古之人损一毫利天下，不与也；悉天下奉一身，不取也。人人不损一毫，人人不利天下，天下治矣。

　　禽子问杨朱曰：去子体之一毛以济一世，汝为之乎？

　　杨子曰：世固非一毛之所济。

　　禽子曰：假济，为之乎？

　　杨子弗应。

　　禽子出，语孟孙阳。孟孙阳曰：子不达夫子之心，吾请言之。有侵若肌肤获万金者，若为之乎？

　　曰：为之。

　　孟孙阳曰：有断若一节得一国，子为之乎？

　　禽子默然有间。

　　孟孙阳曰：一毛微于肌肤，肌肤微于一节，省矣。然则积一毛以成肌肤，积肌肤以成一节，一毛固一体万分中之一物，奈何轻之乎？

禽子曰：吾不能所以答子。然则以子之言问老聃、关尹，则子言当矣；以吾言问大禹、墨翟，则吾言当矣。

孟孙阳因顾与其徒说他事。

从这利己底论辩，禽子直把杨朱底见解列入老关一流。他底思想，《孟子》评为"为我"，《吕览》评为"贵己"，在《老子》里，"名与身孰亲？身与货孰多？得与亡孰病？是故甚爱必大费，多藏必厚亡"（四十四章），"圣人自知不自见，自爱不自贵"（七十二章）等等文句都是杨子学说底渊源。人每以杨子为极端的纵欲主义者，但在《杨朱篇》里找不出这样底主张。从《淮南子·氾论训》"全性保真，不以物累形，杨子之所立也，而孟子非之"一句看来，杨子底学说只是保全性命而已。

杨朱所以主张保全性命，只因人生不乐，凡有造作，皆足以增加苦痛，不如任其自然更好。《杨朱篇》中揭示他底态度如下：

杨朱曰：百年之寿大齐，得百年者，千无一焉。设有一者，孩抱逮昏老，几居其半矣；夜眠之所弭，昼觉之所遗，又几居其半矣；痛疾哀苦，亡失忧惧，又几居其半矣。量十数年之中，逌然而自得，亡介焉之虑者，亦亡一时之中尔。则人之生也奚为哉，奚乐哉？为美厚尔，为声色尔。而美厚复不可常厌足，声色不可常玩闻。乃复为刑赏之所禁劝，名法之所进退，遑遑尔竞一时之虚誉，规死后之余荣，偊偊尔慎耳目之观听，惜身意之是非，徒失当年之至乐，不能自肆于一时，重囚累梏何以异哉！

太古之人，知生之暂来，知死之暂往，故从心而动，不违自然，所好当身之娱，非所去也，故不为名所劝；从性而游，不逆万物，所好死后之名，非所取也，故不为刑所及。名誉先后，年命多少，非所量也。

同篇又说：

孟孙阳问杨子曰：有人于此，贵生爱身，以蕲不死，可乎？

曰：理无不死？

以蕲久生，可乎？

曰：理无久生。生非贵之所能存，身非爱之所能厚。且久生奚为？五情好恶，古犹今也。四体安危，古犹今也。世事苦乐，古犹今也。变易治乱，古犹今也。既闻之矣，既见之矣，既更之矣，百年犹厌其多，况人生之苦也乎？

孟孙阳曰：若然，速亡愈于久生，则践锋刃，入汤火，得所志矣。

杨子曰：不然。既生则废而任之，究其所欲，以俟于死。将死则废而任之，究其所之，以放于尽。无不废，无不任，何遽迟速于其间乎？

生虽不乐，但故意去戕贼性命也不必。人能舍弃贪生好利、爱名羡位底心，便是一个至人。常人受这四事所驱使，所以弄得人生越来越坏。杨朱尤其反对儒家所立底仁义道德，以为那都是戕贼人类本性底教训。天下之美皆归于舜禹周孔，天下之恶皆归于桀纣，但四圣生无一日之欢，二凶生有纵欲之乐，虽死后有不同的毁誉，究竟同归于尽，自己一点也不知道。空有其名，于生无补。为人牺牲自己，不过是被名利等所引诱，实在不是人类本性，甚至变成一种虚伪的行为，为人生扰乱底原因。生民之所以不得休息，只在寿、名、位、货。有这四事才会畏鬼，畏人，畏威，畏刑，因而失掉"天民"底乐趣。所以任自然以全生命，应是人生底理想。

> 杨朱曰：人肖天地之类，怀五常之性，有生之最灵者，人也。人者爪牙不足以供守卫，肌肤不足以自捍御，趋走不足以逃利害，无毛羽以御寒暑，必将资物以为养，性任智而不恃力。故智之所贵，存我为贵；力之所贱，侵物为贱。然身非我有也，既生，不得不全之；物非我有也，既有，不得而去之。身固生之主，物亦养之主，虽全生身，不可有其身，虽不去物，不可有其物。有其物，有其身，是横私天下之身，横私天下之物，其惟圣人乎？公天下之身，公天下之物，其惟至人矣？此之谓至人者也。

杨朱是极端的欢乐主义者，其所谓乐是官能的，生尽，欢乐也尽，生死不能避，当听其"自生自死"（《力命》），因为"理无不死"底原故。"生非贵之所能存，身非爱之所能厚"，故当于生时尽其欢，荣辱富贵礼义，都要舍弃。这些都是使人不欢底。"生民之不得休息,为四事故:一为寿,二为名,三为位,四为货。有此四者,畏鬼,畏人,畏威,畏刑,此之谓遁人也。可杀可活,制命在外。不逆命,何羡寿?不矜贵,何羡名?不要势,何羡位?不贪富,何羡货?此之谓顺民也。"杨朱这种思想已改变了道家节欲养生底态度。一般道家以为任官能底欲求,适足以伤生,而他却无顾忌,视生死为不足轻重。保存生命是不得已的事,一切享受只求"从心而动,不违自然","从性而游,不逆万物"便可以。

杨子以后,附和他底学说底很多,走极端底,便流入放纵色食自暴自弃底途径。《荀子·非十二子篇》中所举底它嚣、魏牟,恐怕是杨朱一派底道家。它嚣底为人不可考。魏牟为魏公子,公元前三四三年,魏克中山,以其地封他。他底著作《公子牟》四篇,《汉书·艺文志》列入道家,今已不传。《列子·仲尼篇》记他对乐正子舆为公孙龙辩解。《庄子·让王篇》记他与瞻子底问答,但也不能详知他底思想。《让王篇》记:

　　中山公子牟谓瞻子曰:身在江海之上,心居乎魏阙之下,奈何?

　　瞻子曰:重生。重生则轻利。

　　中山公子牟曰:虽知之未能胜也。

　　瞻子曰:不能自胜,则从神无恶乎。不能自胜,而强不从者,此之谓重伤。重伤之人,无寿类矣。

这一段话也出于《吕氏春秋·审为篇》,可以参照。我们从文里，知道公子牟有隐遁之愿而不能绝利禄之情。瞻子或即瞻何，其生平也不明，或者也是杨朱底同论者。

丙　列子

列子是与郑缪公同时底人，比老子稍后，年代大约也在西历纪元前四百年左右。他底事迹也不详明。《吕氏春秋·季秋纪·审己篇》记他曾受关尹底教示。而《庄子》里所记底事都不尽可靠，宁可看为寓言。《汉书·艺文志》道家之部有《列子》八卷，现在的传本恐怕不是原书。在《天瑞》中子列子言太易、太初、太始、太素一节，明是从《易纬·乾凿度》引出。这些名词，除太易外，都是道家底术语。太初或泰初见于《庄子》《天地》、《知北游》、《列御寇》诸篇。太素见于《淮南子》《原道训》、《俶真训》、《览冥训》、《精神训》等篇。太易是《易纬》所独有。《易纬》是王莽时代底书，而《易》与道家思想结合在魏晋间极其流行。《汤问篇》记"火浣之布"及蓬莱三山外底岱舆、员峤二山。火浣布初见于魏文帝底《典论》。《史记》虽载蓬莱，但没记其事迹。晋王嘉《拾遗记》所列三山，与《列子》同；书中也记岱舆、员峤二山。《汤问篇》底仙山恐怕是钞袭《拾遗记》底。仙乡底记载，晋代很多。《周穆王篇》底化人或者是从《穆天子传》申引出来。《穆天子传》相传是在汲冢发现底。《仲尼篇》有"西方之人有圣者"，也许是指佛而言。可知今本《列子》有许多部分是从汉到晋羼入底。在汉时，《列子》传本已有五种。《列子序录》里说："刘向校中书《列子》五篇，与长社尉臣参校雠太常书三篇，太史书四篇，臣向书六篇，臣参书二篇，内外书凡二十篇。以校除复重十二篇，定著八篇，《天瑞》至《说符》。"现存本八篇名目或者仍汉代参校诸本后所定之旧，而其内容多为后世底伪撰。

现存《列子》八篇，与战国以后底著作很有关系，除《老子》以外，最主要的为《庄子》、《吕氏春秋》、《韩非子》、《淮南子》。壶丘子林与伯昏瞀人同列子底问答，在《列子》里很多见。列子与壶丘子林底关系见于《庄子·应帝王》、《淮南子·精神训》及《缪称训》。《吕览·下贤篇》有壶丘子林底名字。伯昏瞀人与列子底对答见于《庄子·田子方》及《列御寇》，《德充符》也提出他底名字。《庄子》底文句见于《列子》底很多，如《天瑞》有《至乐》、《知北游》底文句，《黄帝》有《逍遥游》、《达生》、《田子方》、《应帝王》、《列御寇》、《寓言》、《山木》、《齐物论》底章节。《周穆王篇》中梦与觉底论辩是从《齐物论》底一节发展出来。《汤问》底冥灵、大椿、鲲鹏等出于《逍遥游》；黄帝与容成子居空同之上，是脱胎于《在宥》广成子底故事。《列子》取《吕氏春秋》底文句，如《黄帝篇》中海上之人好沤鸟，《说符篇》中白公与孔子底问答，都从《审应览·精谕》引出；牛缺底故事是从《孝行览·必己》而来。《说符篇》中杨朱底话出于《韩非子·说林篇》下。又如《汤问》底共工与女娲底谈话出自《淮南子·览冥训》与《天文训》；《说符》底黑牛生白犊故事见于《人间训》。此外，《道应训》底文句很多见于《列子》。与《列子》有关系底《庄子》、《吕氏春秋》、《韩非子》、《淮南子》除几篇原作外，其余多是汉人作品，在文法上与《荀子》、《韩诗外传》、《大小戴礼记》、《说苑》诸书相同。故知《列子》中有许多部分是汉人所加。《天瑞》、《黄帝》二篇或者保存原本底文句最多,因为这两篇底文法比其余六篇较为古奥。列子或者是传楚国底道家思想底,有些文句可以当做《老子》底解释看。

《吕氏春秋·不二篇》说"列子贵虚",在思想方面比老子底贵柔已较进步。在《天瑞篇》记列子底贵虚论,说:

> 或谓子列子曰:子奚贵虚?
>
> 列子曰:虚者,无贵也。
>
> 子列子曰:非其名也,莫如静,莫如虚。静也,虚也,得其居矣;取也,与也,失其所矣。事之破砀,而后有舞仁义者,弗能复也。
>
> 粥熊曰:运转亡已,天地密移,畴觉之哉?故物损于彼者盈于此,成于此者亏于彼。损盈成亏,随生随死,往来相接,间不可省,畴觉之哉?凡一气不顿尽,一形不顿亏,亦不觉其成。不觉其成,不觉其亏,亦如人自生至老,貌色智态,亡日不异,皮肤爪发,随生随落,非婴孩时有停而不易也,间不可觉,俟至后知。

所谓虚是不患得,不患失,任自然转移,虚静以处,于是非利害,不为所动。天地密移,虽有损盈成亏,人处其中,毫不觉知。假如杞人忧天地崩坠,身无所寄,因而废寝忘食;又因人言其不坏,复舍然而喜,这都是不能参得虚字底意义。要到觉得天地坏与不坏底心识不存在我心,那才讲得上虚静。虚便是不觉得,与佛教底觉恰是相反。这"虚"字,在《老子》(十六章)里也说,"致虚极,守静笃,万物并作,吾以观复。"要虚静才能无嗜欲,不知乐生,不知恶死,不知亲己,不知疏物,无爱憎,无利害。《黄帝篇》底故事便是这种思想底阐明。

《列子》里对于天地底生成,已有明说。《天瑞篇》说有太易、太初、太始、太素。太易为未见气,太初为气之始,太始为形之始,太素为质之始。具气形质而未相离,名曰浑沦。易是"视之不见,听之不闻,循之不得"底存在体。由此变而为一,从一至九,复变为一,是为形始,清轻者上为天,浊重者下为地。易或者是汉以后底人依《易纬》改底,在《列子》他篇不见有易底意思,但《汤问》里底"无极"与太易底意义很相近,武内先生以为"易"即《老子》第十四章底"夷",夷、易古字通用。总之,《列子》对于宇宙生成底见解是属于战国末年流行底说法,不必是创见。

第四章 道家最初底派别

　　自老聃关尹以后，道家思想弥漫天下，杨朱、列御寇、魏牟各立一说，于是道家渐次分为两派。依武内先生底说法，第一是关尹、列子底静虚派，第二是杨朱、魏牟底全性派。静虚派主张人当舍自己底欲望，断绝知虑，顺着天赋的真性来生活。全性派以为情欲乃人类底本性，当舍弃人间底名利，放纵本能的情欲。前一派可以说是消极的道家，为田骈、慎到所承传。后者为积极的道家，庄周底学说从这派发展而来。

　　齐威王、宣王在位底时代，自西历纪元前三五七年至前三〇一年，五十七年间，齐底都城为中国文化底中心。当时底齐都即今山东临淄，城周五十里，辟十三门，其南门名为稷门。因为威宣二王礼聘四方学者，于是天下人物都聚于临淄。邹人孟轲，楚人环渊，赵人慎到，宋人宋轻，是外国学者中受特别优待底人物。他们受王金钱及邸宅底厚赐，地位等于上大夫。还有齐国本地底学者，如三位驺子、淳于髡、田骈、接子等也聚于齐都。淳于髡是仰慕晏婴底学者，见梁惠王，一语连三昼夜无倦。惠王要留他，待以卿相之位，辞不受。三驺即驺忌、驺衍、驺奭。《史记·

孟子荀卿列传》载："齐有三驺子。其前邹忌，以鼓琴干威王，因及国政，封为成侯，而受相印，先孟子。其次驺衍，后孟子。"驺衍是宣王时人，唱五行说，倾倒一时。驺奭稍后，采驺衍之术以纪文，颇为齐王所嘉许。这几位都是齐人所称许，当时有"谈天衍，雕龙奭，炙毂过髡"底颂。对于田骈、接子，当时也号为"天口接田"。在这班人以后还有齐襄王时底荀子。当时他们底邸宅多在稷门之下，所以齐人称他们为"稷下先生"。

在稷下著书底学者，《史记》、《汉书》里还留着些名字。其中与道家思想有关底，如环渊、接子、慎到、田骈，和后世假托底《管子》及《太公书》。环渊为老子弟子，从楚至齐，为输道家思想入齐底第一人。他底学说已不可考，《史记索隐》说："环渊、接子，古著书人之称号也。"《史记·孟子荀卿列传》慎到传下说："环渊著上下篇。"《汉书》作《蜎子》十三篇。蜎子就是环渊。接子底著述也失传，《史记正义》记"《接子》二篇，《田子》二十五篇。"《汉书》同，记《田子》二十五篇，《接子》二篇。《史记》记"慎到著《十二编》"，《汉书》有《慎子》四十二篇底名目，《隋志》、《唐志》有滕辅注底十卷本。后来连十卷本也不传，从《群书治要》录出七篇。马聪《意林》录《慎子》佚句十三条，宋以后，只余五篇残本。田骈底书今亦不传。驺衍底五行说到战国末年各派也染了它底色彩，在道家思想上最为重要，当于说庄子以后略论一下。

甲　彭蒙田骈慎到底静虚派

在旧籍里，彭蒙田骈慎到三个人常并提起。彭蒙底思想如何,已不可考。《庄子·天下篇》引彭蒙之师底话:"古之道人至于莫之是,莫之非而已矣。"看来,他所师承底是渊源于列子。田骈慎到底学说也不外是从贵虚说演出来底齐物弃知说。《吕氏春秋·不二篇》说"陈骈贵齐",是知齐物论为田子所特重。齐物论底大旨是"齐死生,等古今"。以为古今生死乃是大道连续的运行,本不足顾虑,所以对此能够不动情感,不生执着底便是见道底人。慎到底学说是从弃知着眼。《庄子·天下篇》介绍他和彭蒙田骈底思想,说:"公而不当,易而无私,决然无主,趣物而不两,不顾于虑,不谋于知,于物无择,与之俱往,古之道术有在于是者,彭蒙田骈慎到闻其风而悦之。齐万物以为首,曰:'天能覆之,而不能载之;地能载之,而不能覆之;大道能包之,而不能辩之。'万物皆有所可,有所不可。故曰:'选则不遍,教则不至,道则无遗者矣。'是故慎到弃知去己,而缘不得已,泠汰于物,以为道理。曰:'知不知,将薄知而后邻伤之者也。'謑髁无任,而笑天下之尚贤也。纵脱无形,而非天下之大圣。椎拍輐断,与物宛转;舍是与非,苟可以免;不师知虑,不知前后,魏然而已矣。推而后行,曳而后往,若飘风之还,若羽之旋,若磨石之隧,全而无非,动静无过,未尝有罪。是何故?夫无知之物,无建己之患,无用知之累,动静不离于理,是以终身无誉。故曰:'至于若无知之物而已,无用贤圣,夫块不失道。'豪杰相与笑之,曰:'慎到之道,非生人之行,而至死人之理,适得怪焉。'田骈亦然,学于彭蒙,得不教焉。"

　　彭蒙、田骈、慎到,都以为万物平等,各有所长短,若以人底知虑来评衡,那便违道了。故自身应当绝虑弃知,等观万物,无是非，无进退。假如有进退往还，亦当如飘风，如羽毛，如磨石，纯是被动，能任自然而后可。知虑于生活上无用，所以不必力求，由此可见天下之尚贤为可笑。墨子底尚贤论也当排斥。从这理论发展出来，人间一切若得其法，虽然没有贤智的人来指导也可以治理，结果，只要有了固定的法则，天下便治了。慎到被归入刑名家就是这个原故。《荀子·解蔽篇》说："慎子蔽于法而不知贤。"有法无贤，是稷下道家底一派。这种对于法底全能底态度是道家一派转移到法家底枢纽。又，《荀子·天论》说："慎子有见于后无见于先。"先后也是从《老子》底"圣人后其身"及"不敢为天下先"底意义而来。《吕览·执一篇》述田骈对齐王说："臣之言无政而可以得政，譬之若林木无材而可以得材"，也是《老子》"无状之状，无物之象"底意思。可见法家与道家底关系。

还有从齐物思想引出农家一流底实行运动。这派假托神农之言，主张从事农业，自己生产，自己生活。社会分业是不对的，纳赋税给人君是不对的，物价有贵贱，交易用斗衡，都不对。社会无论是谁都要工作，齐贵贱，同物价，泯善恶，一味以归到自给自养，君臣并耕底境地为极则。关于这派底学说现已不存，《汉书·艺文志》有《神农》二十篇为战国时代底著作，而作者不详。《孟子·滕文公》出许行底名字，想当时这派底宣传很用力，《神农》书也许是他们所用底圣典。因为许行不主张社会分业，与儒家底王道思想不合，所以受孟子排斥。但《孟子》里没细说许行底思想，我们到底不知道他主张用什么方法才能达到目的。大体说来，不外是道家底齐物思想底具体化吧。《吕氏春秋·审为篇》记:"神农之教曰:士有当年而不耕者,则天下或受其饥矣。女有当年而不绩者,则天下或受其寒矣。故身亲耕,妻亲织所以见致民利也。"这也许是战国时底农家所奉底经句。社会组织越严密,人必不能不分工,齐物主义底不能实行,乃意中事。齐物主义是教人再反到自然去过禽兽式的生活,虽然实现,未必是人生之福。

乙　假托管子所立底法治派

《管子》八十六篇相传为管仲所作。刘向序说:"所校雠中《管子书》三百八十九篇,太中大夫卜圭书二十七篇,臣富参书四十一篇,射声校尉立书十一篇,太史书九十六篇,凡中外书五百六十四,以校除复重四百八十四篇,定著八十六篇。"汉内府所藏篇教最多,依定本八十六篇算,其中重复篇数,总在四倍左右。现存《管子》分为《经言》、《外言》、《内言》、《短语》、《区言》、《杂篇》、《管子解》、《管子轻重》八部,《内言》亡《王言》、《谋失》两篇,《短语》亡《正言》一篇,《杂篇》亡《言昭》、《修身》、《问霸》三篇,《管子解》亡《牧民解》一篇,《管子轻重》亡《问乘马》、《轻重丙》、《轻重庚》三篇,计亡失十篇。书中最古部分为《轻言》,但其中底文句有些属于很晚的时代,从思想内容看来,不能看出是齐宣王以前底作品。并且书中底思想很复杂,新旧材料互混,看来不是出于一人底手笔。大概是稷下先生假托管仲底名字以自尊,而思想上主要的派别属于道家与法家。故《汉书·艺文志》列入道家,《隋志》、《唐志》列入法家。诸篇中最显出道家思想底是《心术》上下篇及《白心》、《内业》二篇。《内业》解道底意义，《心术》、《白心》说依道以正名备法。这几篇恐怕是稷下底道家所传诵底道经。在《心术》上篇中可以看出由道转移为法底倾向。如说："虚无无形谓之道。化育万物谓之德。君臣父子人间之事谓之义。登降揖让，贵贱有等，亲疏之体，谓之礼。简物小未一道，杀僇禁诛，谓之法。"在另一段又说，"天之道虚其无形。虚则不屈，无形则无所位赶。无所位连，故遍流万物而不变。德者道之舍，物得以生。生得以职道之精。故德者得也。得也者，其谓所得以然也。以无为之谓道；舍之之谓德，故道之与德无间，故言之者不别也。间之理者，谓其所以舍也。义者谓各处其宜也。礼以因人之情，缘义之理，而为之节文者也。故礼者谓有理也。理也者明分以谕义之意也。故礼出乎义，义出乎理，理因乎宜者也。法者所以同出，不得不然者也。故杀僇禁诛以一之也。故事督乎法，法出乎权，权出乎道。道也者，动不见其形，施不见其德，万物皆以得，然莫知其极。"这是明礼义理法皆出于道德，而此道德同体无间，其所以不同只在所舍及所以舍而已。《老子》以为"失道而后德"，这里说道德无间，语辞上虽然有点不同，但终极的原则仍是道。"法出乎权，权出乎道"，这道是天地之道，不会有过失底，所以底下说："天之道虚，地之道静。虚则不屈，静则不变。不变则无过。"

法本从道出，所以至公无私。君子能抱持这一道以治天下便不至于丧失天下。《心术》下说："是故圣人若天然，无私覆也；若地然，无私载也。私者，乱天下者也。凡物载名而来，圣人因而财之，而天下治；实不伤不乱于天下而天下治。专于意，一于心，耳目端，知远之证。能专乎？能一乎？能毋卜筮而知凶吉乎？能止乎？能已乎？能毋问于人而自得之于己乎？故曰，思之。思之不得，鬼神教之。非鬼神之力也，其精气之极也。”这一段与《庄子·庚桑楚》所出老子之言很相近，想是当时流传底道家言。人能得道，一切都可行，知巧也可以舍弃。《白心篇》说："孰能弃名与功而还与众人同？孰能弃功与名而还反无成？"又说："孰能去辩与巧而还与众人同道？故曰思索精者明益衰；德行修者王道狭；卧名利者写生危；知周于六合之内者，吾知生之有为阻也。"因为"道之大如天，其广如地，其重如石，其轻如羽"，所以很容易得，容易用。在同篇里说："道者，一人用之，不闻有余，天下行之，不闻不足，此谓道矣。小取焉则小得福；大取焉则大得福；尽行之而天下服；殊无取焉，则民反其身不免于贼。"舍一切以求道，就不至于满，不至于灭亡，而达到虚静底地位。虽然，道是不可捉摸底，为政者既舍知巧，就不得不正名备法，所以说："建当立有，以靖为宗，以时为宝，以政为仪，和则能久。"[①]建设当立在适当与有上头，虽仍以靖为宗，而时与政却是实在的施设。注说，"建事非时，虽尽善不成。时为事宝也。政者，所以节制其事，故为仪。"实际的政事是时间与手段底运用。运用得当，天下便治了。所以说："非吾仪，虽利不为，非吾当，虽利不行，非吾道，虽利不取。上之随天，其次随人。人不倡不和，天不始不随，故其言也不废，其事也不随。原始计实，本其所生；知其象

---

① 《管子校正》（戴望）"建当立……以政为仪"校正说，"王云'当'当为常，'有'当为首，皆字之误也。建常立首为句，以靖为宗为句。首即道也。道字古读若首，故与实久为均。"卷十三，八页。靖同静，政同正。

而索其形；缘其理而知其情；索其端而知其名。故苞物众者，莫大于天地；化物多者莫多于日月；民之所急，莫急于水火。然而天不为一物枉其时；明君圣人亦不为一人枉其法。天行其所行，而万物被其利；圣人亦行其所行，而百姓被其利，是故万物均，既夸众矣。是以圣人之治也，静身以待之，物至而名自治之，正名自治之奇，身名废。名正法备，则圣人无事。"这尚法正名底思想与慎到底主张相同。总之，弃嗜欲知巧，恬愉无为，正名备法，是稷下道家因倡齐物底论调，进而主张绝圣弃知，专任名法底结果。

丙　假托太公底阴谋派

法治思想发达，便要想到怎样使人君能保守天下，和怎样使人民不变乱底问题。能解决这问题才能为人谋国。因此从道家分出来底阴谋家便应运而起。当时稷下有些道家讲用兵行政底方法都假托太公之言。太公望是齐底始祖，《史记·齐世家》说："周西伯昌之脱羑里，归与吕尚阴谋修德以倾商政。其事多兵权与奇计，故后世之言兵及周之阴权皆宗太公为本谋。"想当时必有一种托为太公所造底兵书及阴谋书，《汉书·艺文志》道家书籍中有《太公》二百三十七篇，其中《谋》八十一篇，《言》七十一篇，《兵》八十五篇，注里明说篇中有些是后世为"太公术"者所增加。梁阮孝绪《七录》有《太公阴谋》六卷，《太公杂兵书》六卷，这恐怕是《太公书》中《谋》与《兵》底残本。现在完本固然不存，即如残本也不能见。现存底《阴符经》和《六韬》也是后人伪撰，不足凭为战国时代底阴谋家言。《史记·苏秦传》说秦周游列国，归家后，闭居不出，读《周书》《阴符》，期年，乃作《揣摩》。《揣摩》见于《鬼谷子》，《正统道藏》本列入第七第八篇。《史记》载鬼谷子为苏秦、张仪底师父，但刘向、班固所录书中没有《鬼谷子》，《隋志》始列《鬼谷子》三卷，或者是《汉志》纵横家《苏子》三十一篇底残本。今本《鬼谷子》或者有一部分是战国时代习太公术者底圣典，自《捭阖》至《符言》十二篇笔法略同，或者是讲太公术底较古材料。《本经阴符》七篇乃附加底部分。阴谋家底主张可以从《鬼谷子·符言篇》得着大体的意思，或者那便是当时所传《太公阴谋》底诀语。《符言》里底脱误处很多，注解也是望文生义，不容易读得通。现在依《管子·杂篇·九守》可校对出其中底大意。

安徐正静，柔节先定；善与而不争，虚心平意，以待损倾。右主位

柔节先定，《符言》作"其被节无不肉"，欠解。"静"应作"争"。"倾损"似应与静、定、争为韵，故改作"损倾"。"有主位"之"有"，应作"右"，下仿此。

目贵明，耳贵聪，心贵智。以天下之目视者，则无不见；以天下之耳听者，则无不闻；以天下之心虑者，则无不知。辐凑并进，则明不可塞。右主明

德之术，曰：勿望而拒之，勿望而许之。许之则失守，拒

之则闭塞。高山仰之可极，深渊度之可测，神明之位术正静，其莫之极欤？右主德

"德"《九守》作听。"坚"依《九守》改为"望"，补"勿望而许之"一句。以上三节与《六韬·大礼第四》相同。

用赏贵信，用刑贵正。贵赐赏信，必验耳目之所见闻。其所不见闻者，莫不暗化矣。诚畅于天下神明，而况奸者干君？右主赏

末句《九守》作"诚畅乎天地，通于神明，见奸伪也"。注："既畅天地，通神明，故有奸伪必能见之。"此节与《六韬·赏罚第十一》意义相同。

一曰天之，二曰地之，三曰人之，四方上下，左右前后，荧惑之处安在？右主问

心为九窍之治，君为五官之长。为善者，君与之赏；为非者，君与之罚。君因其政之所以，求因与之，则不劳。圣人用之，故赏之。因之循理，故能长久。右主因

《九守》作"心不为九窍，九窍治；君不为五官，五官治。……君因其所以来，因而予之，则不劳矣。圣人因之，故能掌之。因之修理，故能长久"。

人主不可不周。人主不周，则群臣生乱。寂乎其无端也，内外不通，安知所怨？关闭不开，善否无原。右主周

"寂乎其无端"以下原作"家于其无常也，内外不通，安知所开？开闭不善，不见原也"。意晦，今依《九守》改正。

一曰长目，二曰飞耳，三曰树明。明知千里之外，隐微之中，是谓洞天下奸暗。洞天下奸暗则莫不变更矣。右主恭

"明知千里之外"以下原作"千里之外，隐微之中，是谓洞天下奸，莫不暗变更"。今参校《九守》拟改。

循名而为实，按实而定名。名实相生，反相为情。故曰：名实当则治，不当则乱。名生于实，实生于理，理生于名实之德，德生于知，知生于当。右主名

原作"循名而为实，安而完，……故曰：名当则生于实……德生于和，和生于当"。意义未妥，今依《九守》校改。

从《九守》、《符言》和《六韬》相同的部分可以推得稷下当时所传底太公术底大概。苏秦、张仪诸人游说诸侯时所用底语诀也不外乎此。所谓《符言》或者是《太公阴符》底节录。《符言》前三节以静为为政底体。四节以下以刑赏名法为为政底用。这也是从静虚派道家底弃知任法流衍下来底刑名法家思想。

丁　庄子一流底全性派

自稷下道家由静虚主义分为齐物与弃知两端,影响到法家与农家底实行。关尹、列子底思想可以说发达到极点。因为法、农自成派别,不是道家正传,到庄子出世,才把道统接下去。但庄周底道统是承接杨朱、魏牟底,其学说以保全天赋的真性为主,从《庄子》里还可以知其大意。

子　庄子

《史记》庄子底传很简略。《庄子》所出庄周底事迹多为后人所加,不能尽信,《传》说他是蒙人,到底是宋底蒙抑是楚底蒙,学者中间有不同的意见。刘向《别录》和《吕氏春秋·必己篇》都说他是宋底蒙人。《太平寰宇记》载:"楚有蒙县,俗谓之小蒙城也,庄周之本邑。"阎若璩据《史记正义》"周尝为蒙漆园吏"句下引《括地志》说:"漆园故城在曹州冤句县北十七里。"以为冤句城在今曹州西南,其地春秋时属于曹国。鲁哀公八年,宋景公灭曹,其地遂属于宋。蒙城在今河南商邱县南二十里,庄子时属于宋,后并于楚,汉朝隶于梁国。因此有宋人,梁人,楚人底异说。依庄子底年代,最正当的是以他为宋人。《史记》记庄子与梁惠王、齐宣王同时,但这正是孟子游说梁齐底时候,同住在一个地方,为什么孟子一句也没提到?《史记》里又记庄周拒楚威王底聘,这段事情,《庄子·秋水篇》及《列御寇篇》都出现,不过文句不同而已。依《六国年表》，梁惠王、齐宣王都与楚威王同时，或者孟子在梁齐时，庄子在宋底本邑，所以他们两人没会过面。《史记》又说他"善属书离辞，指事类情，用剽剥儒墨，虽当世宿学，不能自解免也。其言洸洋自恣以适己，故自王公大人不能器之"。从这一段也可以推想孟子没有提到庄周底原故。第一，庄周很会做文章来攻击儒墨，虽当世宿学也不能自解免。孟子是不得已而后辩底人，庄周若不在齐梁底阙下向他挑战，他也乐得避免。第二，他底学问既为王公大人所不器重，自然在庙堂上没人提起，也不会被孟子一流人物所注意。因此庄孟二人虽然同时，却没有什么关系。还有一个假定，是庄周活动底时期比孟子稍后几十年。《初学记》引《韩诗外传》说楚襄王遣使持金千斤欲聘庄子为相，庄子固辞不许，《文选》卷三十一注与《太平御览》卷四百七十四所引略同。这样看来，聘庄子底乃是楚襄王了。襄王即顷襄王，即位于威王殁后三十年，时代自西纪元前二百九十八年至前二百六十三年。《史记》与《韩诗外传》底记事，庄周底年代，相差三四十年。如果《庄子·说剑篇》与《秋水篇》所记庄子与赵太子悝底关系和同梁相惠施会见底事情靠得住，庄子应是顷襄王时代底人物。赵太子悝底父赵文王即惠文王，与顷襄王同时。《徐无鬼篇》又记庄周诣惠施之墓，惠施死，当在梁襄王十三年（西纪前三〇六年）后，其时也与楚顷襄王相差不远。

庄子底事迹，如《齐物论》底梦，《至乐》底与髑髅对答，《山木》底异鹊，都是寓言。《知北游》底东郭子，《则阳》底长梧封人，都是假托底人物。《逍遥游》、《德充符》、《秋水》、《至乐》、《徐无鬼》、《外物》、《寓言》诸篇都记与惠子对话。此中也不尽是史实，如《德充符》中对惠子说："子以坚白鸣。"明是时代错误，想是庄子之徒为厌服公孙龙一派底辩者而作。又，《田子方》记庄子与鲁哀公会谈，主题为儒服。这明是造作的事实，哀公当于孔子末年，而儒服问题，起于战国末及汉初，哀公决无提前讨论之理。《秋水》底许由为隐士时代底产物，也当属于战国末期。所以《庄子》里，关于庄周底事迹，多不足信。

丑　庄子底著作

现存《庄子》三十三篇乃晋以后底本子。《庄子》在《汉书·艺文志》里记五十二篇，唐陆德明《经典释文》底《叙录》说晋议郎崔譔删定五十二篇，注二十七篇。晋向秀依崔譔注本作新注，郭象又窃向秀注，增《天道》、《刻意》、《田子方》、《让王》、《说剑》、《渔父》六篇，为三十三篇。因为经过几次删定，《庄子》底本来面目便难以分辨。《史记》说庄子"作《渔父》、《盗跖》、《胠箧》，以诋訿孔子之徒，以明老子之术"。又说他著书十余万言，大都是寓言。《渔父》、《盗跖》现在《杂篇》中，《胠箧》在《外篇》中，然而是否原作，也属疑问。现在把《庄子》三十三篇检阅一下，便知道这书不是出于一人之手，并且不是一个时代所做成。

在《庄子》里所出思想矛盾底地方很多。如《胠箧》底"攘弃仁义，而天下之德始玄同矣"，与《天地》底"至德之世，不尚贤，不使能，上如标枝，民如野鹿，端正而不知以为义，相爱而不知以为仁，实而不知以为忠，当而不知以为信"底仁义忠信实相反。《天道》又说："古之明大道者，先明天，而道德次之。道德已明，而仁义次之。"在《天运》里却说"古之至人假道于仁,记宿于义,以游逍遥之虚"。这又是承认仁义在某种程度可以存在。《天地》底"至德之世不尚贤",与《天地》底"行事尚贤,大道之序"互相矛盾。对于孔子,在《盗跖》里极力诋毁,在《人间世》、《天运》、《渔父》、《列御寇》里却又恭维几句。《天道》里赞美舜底无为,在《骈拇》却又排斥他。《大宗师》、《知北游》诸篇赞黄帝通大道,《在宥》却又说他"始以仁义撄人之心"。《齐物论》、《大宗师》、《天地》、《刻意》、《马蹄》、《胠箧》诸篇底"圣人"为得道家之道者底称呼,在《在宥》、《天运》、《知北游》却是指毁道德乱天下底儒家圣人而言。《养生主》、《人间世》、《达生》诸篇讲养生长寿之道,《大宗师》却讲齐生死,《至乐》甚至有卑生尊死底思想。以上不过举其大端,至于文辞上,表现底方法与思想底混杂,读者随时都可感觉出来。

在《庄子》中有些是从一篇底意思发展出来底。如《秋水》、《庚桑楚》、《徐无鬼》、《寓言》,乃采取《齐物论》底思想而成。《刻意》取《天道》篇首底一部分。《盗跖》与《胠箧》底意思相同。《外物》所出老莱子之言是从《大宗师》底一部分取出。《庚桑楚》取材于《大宗师》和《齐物论》。《渔父》也与《人间世》底楚狂接舆故事有关系。《天下篇》底首段与《知北游》中东郭子问"道恶乎在"一段也有因缘。当时或者有一种底本,因口口相传,时代与地域不同,便产出许多不同的篇章。还有许多流行底故事,后世编《庄子》底也把它们列入,如《齐物论》底蝴蝶故事,《应帝王》底混沌,都可以看为窜入底章节。编者甚至未注意到庄子学说底一贯,将不相干的故事加在里头,如《养生主》讲老聃底死,与全篇似乎没有关系。又如《大宗师》末段说颜回忘仁义礼乐，这显与《骈拇》、《马蹄》诸篇所说有关，但与前头所记尧与许由底故事比较一下，态度却又不同了。《齐物论》中啮缺与王倪底问答，在全体上颇觉混乱。《达生》与《至乐》，《山木》与《达生》都现重复的文义。这样，《庄子》并非一人底著述，乃是后人增改过底。

现在《庄子》是从战国到汉底著作。《逍遥游》、《齐物论》、《德充符》、《骈拇》、《胠箧》、《天地》、《天道》、《至乐》诸篇，有坚白之辩或辩者之辩，或是成于公孙龙底时代。公孙龙，《史记·平原君传》说他与平原君同时，是西历纪元前三世纪前半叶底人物。《齐物论》、《大宗师》、《在宥》、《天地》、《至乐》、《知北游》等有黄帝底名，以他为修道者。黄帝为古帝王底说法也出于战国末年。在《大宗师》里说黄帝得道以登云天；西王母得道，坐乎少广，莫知其始终；彭祖得道上及有虞，下及五伯；《天地》有"上仙"底名：都是神仙说盛行后底说法，当是汉代底思想。《天运》有"三皇五帝"底称谓，这也不能早于《吕氏春秋》。又，《在宥》里记广成子之言，"得吾道者，上为皇而下为王"；《胠箧》记"田成一旦杀齐君而盗其国，十二世有齐国"；《大宗师》、《骈拇》、《马蹄》，连称仁义与礼乐；《天道》说孔子兼爱无私，皇王底分别，田氏灭齐，荀子底仁义礼乐学说，儒墨底混同，都是战国末年底事情。孟子底仁义礼智说，汉儒加信为五端，[①]而《庚桑楚》有"至礼有不人，至义不物，至知不谋，至仁无亲，至信辟金"底文句，可见这篇有为汉代所作底嫌疑。此外汉代思想窜入《庄子》里头底如《天道》

————————

① 仁义礼智信初见于《汉书·董仲舒传》。

底"帝王天子之德"，"玄圣素王之道"，《天运》总称《易》、《诗》、《书》、《礼》、《乐》、《春秋》，都是。《天下》纯是汉人底作品。《天地》也含有多量汉代思想底成分。

《吕氏春秋》与《庄子》也有相当关系。《逍遥游》底许由与《慎行论·求人篇》底许由同出一源。《胠箧》底盗跖与《仲冬纪·当务篇》所记一样。《天地》底伯成子高见于《恃君览·长利篇》。《山木》与《孝行览·必己篇》底一节相同。《田子方》底温伯雪子见于《审应览·精谕篇》。《庚桑楚》为《似顺论·有度篇》底一节。《外物》为《孝行览·必己篇》底篇首。《让王》所取底材料更多：子州支父底话出于《仲春纪·贵生篇》；石户之农、北人无择、瞀光、卞随，出于《离俗览·离俗篇》；大王亶父与子华子、魏牟，出自《开春论·审为篇》；列子出自《先识览·观世篇》；孔子、许由、共伯出于《孝行览·慎人篇》；伯夷、叔齐出于《季冬纪·诚廉篇》。《盗跖》底"尧不慈，舜不孝，禹偏枯，汤放其主，武王伐纣，文王拘羑里"与《仲冬纪·当务篇》"尧有不慈之名，舜有不孝之行，禹有淫湎之意，汤武有放杀之事，五伯有暴乱之谋"同出一源。这里有些是《吕氏春秋》抄录《庄子》，但多半是后人依《吕氏春秋》编成底。

《庄子》全书称"庄周之言"、"庄子曰"及庄子事迹，约在三十上下。这显是后人集录底痕迹。《荀子·解蔽篇》评庄子底学说为"蔽于天而不知人"，从这一点可以推想原本《庄子》思想底一斑。原本《庄子》所说底，或者是对举天人，非人而是天，以人归天一类底问题，在《人间世》、《在宥》、《秋水》、《达生》诸篇所说底，可以看为保留着荀子以前底《庄子》底面目。《列御寇》中底

"庄子曰：知道易，勿言难，知而不言，所以之天也。知而言之，所以之人也。古之人，天而不人"，大概也是《庄子》原本底文句。《天道》与《外物》所引用底大概也出于《庄子》原本。《史记》说庄子著书"明老子之术"，现存《庄子》里累见老子底事迹和老子之言，但引《老子》底文句底除《寓言篇》引用四十一章外，其余都不见于今本《老子》。这些关于老子底章节，或者也出于《庄子》原本，如《德充符》、《胠箧》、《达生》、《知北游》等都有一部分是。《史记》又说庄子"著书十余万言，大抵率寓言也。……其说洸洋自恣以适己"。现存的《逍遥游》、《应帝王》、《秋水》、《至乐》诸篇，多属空想和寓言，实有"洸洋自恣"之概，但《逍遥游》所出列子之言和宋荣子底名字，乃后人加入。宋荣子是与荀卿同时底人物。《秋水》所出公孙龙与魏牟底问答，以后屡出"庄子之言"、"庄子曰"底文句，也是后加底。《胠箧》与《知北游》中有"故曰"、"故"底文句，或者是从原本《庄子》引出。《吕氏春秋·有始览·去尤篇》"庄子曰：以瓦殶者翔"一节与《庄子·达生篇》以"瓦注者巧"一节字句稍微不同。大概也是从同一原本引出来底。

《庄子》原本在荀子时代虽已存在，但是还没被尊重到与《老子》平等。当时只说"老关"而不说"老庄"。看《庄子》屡记与惠子对话，想是战国末道家攻击辩者底作品，因而庄子底名渐为世人所尊重。到《淮南子》时代，老庄底名字便连在一起。《淮南子·要略篇》举《道应》底大意说："《道应》者，揽掇遂事之踪，追观往古之迹，察祸福利害之反，考验乎老庄之术，而以合得失之势者也。"《淮南子》虽称"老庄"，却多引《庄子》底文句。汉代道家推尊庄子，因他稍后于孟子，便将老子推上与孔子同时，而以老庄与孔孟对称。汉代儒学是继承荀子底礼乐说，但孟子底仁义说亦有相当的势力，故在事实上是荀孟并尊，如《韩诗外传》、《中庸》，都是荀孟思想底混合作品。仁义说更受道家底反对，《庄子》底编成最初也与排斥仁义有关，后来才反抗辩者之辩。由一本原书加以润色，其时期，自战国末到汉初，执笔者定不止一人。《庄子》底内容不一致底原故就在加入和伪造底部分很多。若以这书为传庄子学说底人们汇集，而冠以"《庄子》"底名，那就差不远了。《汉书·艺文志》所列道家典籍许多是内容不一致而托于一个人底名字底下底，如《管子》也是最显的例。甚至假托古人底名以为书名底，如《黄帝》、《力牧》、《伊尹》、《太公》等底也有。所以现在《庄子》底名是否与庄周所著书底实相符当是一个疑问。

　　《庄子》三十三篇，分内、外、杂三部，大体说来，《内篇》较近于《庄子》底原本，其他二部为庄周后学所加，但不能说这两部中没有原本底文句。依《天下篇》对于庄周底评论，庄子一面唱杨朱全性保真说，一面发扬田骈底贵齐说，且用这说来改进杨朱底学说。《齐物论》与《大宗师》是属于贵齐说底论文；《逍遥游》与《养生主》是属于全性说底。其余《人间世》、《德充符》、《应帝王》三篇多含全性底论调。至于《外篇》与《杂篇》底年代，依武内先生底断定，大体可以分为五个时期。（一）庄周直传底门人所传底，为《至乐》、《达生》、《山木》、《田子方》、《知北游》、《寓言》、《列御寇》。（二）成于稍晚的后学底为《庚桑楚》、《徐无鬼》、《则阳》、《外物》。（三）成于齐王建（西纪前二六四至前二二一年）时代底为《骈拇》、《马蹄》、《胠箧》、《在宥》。（四）成于秦汉之际底为《天地》、《天道》、《天运》、《秋水》、《刻意》、《缮性》、《天下》。
（五）秦汉之际所成别派底诸篇为《让王》、《盗跖》、《说剑》、《渔
父》。依这个分法，《庄子》底思想顺序便有些眉目了。

寅　庄子底思想

假若没有庄子，道家思想也不能成其伟大，但在《庄子》里，
思想既然那么复杂，要确知庄周底思想实不容易。《荀子·解蔽
篇》说"庄子蔽于天而不知人"，以庄子为因循天道而忽略人道。
更详细的庄子学说评论存于《庄子》最后一篇《天下》里头。这篇
把周末诸子评论过后，才介绍庄子底学说，看来，当然是传庄子
学说底人所造。本学派底学者自评其祖师底话当然更为确切，
现当引出。

> 芴漠无形，变化无常。死与，生与？天地并与？神明往
> 与？芒乎何之？忽乎何适？万物毕罗，莫足以归。古之道
> 术有在于是者，庄周闻其风而悦之，以谬悠之说，荒唐之言，
> 无端崖之辞，时恣纵而不傥，不以觭见之也。以天下为沉
> 浊，不可与庄语；以卮言为曼衍；以重言为真；以寓言为广。
> 独与天地精神往来，而不敖倪于万物。不谴是非，以与世俗
> 处。其书虽瑰玮，而连犿无伤也。其辞虽参差，而诚诡可
> 观。彼者充实，不可以已，上与造物者游，而下与外生死无
> 终始者为友。

从《天下》这一段可以看出庄子底学说底渊源。他承受了老子对于宇宙本体底见解，以宇宙本体为寂寞无形，而现象界则变化无常。生死与物我底分别本是人间的知识，从本体看来，只是一事物底两面，故天地万物乃属一体。这是承传田骈底齐物说，以万物等齐、生死如一为立论底根据。至于他底处世方法，是"不谴是非，以与世俗处"。他以天下为沉浊，不能用庄正的语言来指示，所以要用卮言、重言和寓言。在《寓言》里三种言，说："寓言十九，重言十七，卮言日出，和以天倪。寓言十九，藉外论之。亲父不为其子媒，亲父誉之，不若非父者也。非吾罪也，人之罪也。与己同则应，不与己同则反。同于己为，是之；异于己为，非之。重言十七，所以己言也，是为耆艾。年先矣，而无经纬本末以期年耆者，是非先也。人而无以先人，无人道也。人而无人道，是之谓陈人。卮言日出，和以天倪，因以曼衍，所以穷年。不言则齐。齐与？言不齐。言与？齐不齐也。故曰无言。言无言，终身言，未尝不言，终身不言，未尝不言。有自也而可，有自也而不可；有自也而然，有自也而不然。恶乎然？然于然。恶乎不然？不然于不然。恶乎可？可于可。恶乎不可？不可于不可。物固有所然；物固有所可。无物不然，无物不可，非卮言日出，和以天倪，孰得其久？万物皆种也，以不同形相禅，始卒苦环，莫得其伦，是谓天均。天均者，天倪也。"世俗的是非，在有道者看来，完全不足计较，因为万物本无是非曲直，只是形状不同，互相禅代，像环一样，不能得其终始。有道者所交游底是造物者与外生死、无终始者。他所过底是逍遥生活。庄周底人生观是逍遥主义，而这个是从他所根据底齐物论而来。现在先略述他底齐物论。

（一）齐物论

庄周底齐物思想见于《齐物论》及《大宗师》。这思想是出于田骈底贵齐说。自齐宣王殁后，稷下底学者散于四方，田骈也去齐到薛，游于孟尝君之门。他底思想，或者因此传播到南方，造成了庄子底学说。《齐物论》好像是一部独立的著作，现在所存或是全篇底一部分，后部像未完，或久已佚去，但其中所述已能够使人明白了。《齐物论》底根本论点有三，便是是非、物我、生死底问题，今当分述如下。

天地万物与我本属一体，故万象都包罗在里头，无所谓是非真伪。如果依人间底知识去争辩，那就把道丢失了。所以《齐物论》说："道恶乎隐而有真伪？言恶乎隐而有是非？道恶乎往而不存？言恶乎存而不可？道隐于小成，言隐于荣华。故有儒墨之是非，以是其所非而非其所是。欲是其所非而非其所是，则莫若以明。物无非彼，物无非是。自彼则不见，自知则知之。故曰：彼出于是，是亦因彼。彼是，方生之说也。虽然，方生方死，方死方生；方可方不可，方不可方可；因是因非，因非因是。是以圣人不由而照之于天，亦因是也。是亦彼也，彼亦是也。彼亦一是非，此亦一是非。果且有彼是乎哉？彼是莫得其偶，谓之道枢。枢始得其环中以应无穷。是亦一无穷，非亦一无穷也。"是非之争一起来，就各执一端不能见道底全体，故说"道隐于小成"。"彼出于是，是亦因彼"，注说："夫物之偏也，皆不见彼之所见，而独自知其所知。自知其所知，则自以为是。自以为是，则以彼为非矣。故曰：'彼出于是，是亦因彼。'彼是相因而生者也。"用现代的话讲，是非之辨，含有空间和时间底相因，没有客观的标准。所以说"彼是"如方生之说，生者方自以为生，而死者亦方自以其死为生，彼亦一是非，此亦一是非，不能偏执一方之辞来评定。得道者要在道枢上，看是非只是相对的存在，互相转运以至于无穷。道枢是彼此是非，种种相对的事物消灭了底境地。在道枢上看，楚与楹底纵横不分，厉与西施底美丑无别，这就名为天钧（或天均），钧便是齐底意思。

其次，物我之见乃庸俗人所有。在这点上，庄周标出他底真人底理想。所谓真人，便是不用心知去辨别一切底人。《大宗师》说："知天之所为，知人之所为者至矣。知天之所为者，天而生也。知人之所为者，以其知之所知以养其知之所不知，终其天年而不中道夭者，是知之盛也。虽然，有患。夫知有所待而后当。其所待者，特未定也。庸讵知吾所谓天之非人乎？所谓人之非天乎？且有真人而后有真知。何谓真人？古之真人不逆寡，不雄成，不谟士。若然者，过而弗悔，当而不自得也。若然者，登高不慄，入水不濡，入火不热。是知之能登假于道也若此。古之真人，其寝不梦，其觉无忧，其食不甘，其息深深。真人之息以踵，众人之息以喉，屈服者，其嗌言若哇。其耆欲深者，其天机浅。古之真人，不知说生，不知恶死，其出不訢，其入不距，翛然而往，翛然而来而已矣。不忘其所始，不求其所终，受而喜之，忘而复之，是之谓不以心捐道，不以人助天，是之谓真人。若然者，其心志，其容寂，其颡頯，凄然似秋，煖然似春，喜怒通四时，与物有宜而莫知其极。"真人是自然人，他底知也是自天而生，成败、利害、生死、爱恶等等对立的心识都不存在。看万物与我为一，是"与天为徒"，是真人。在《齐物论》里也说："天地与我并生，而万物与我为一。"物类同异底数目为巧历所不能纪底，若立在"一"底观点上也就无可说底了。

其三，爱生恶死乃人底恒情，庄子以为现象界底一切所以现出生死变化，只是时间作怪，在空间上本属一体，无所谓来去，无所谓生死。所以说真人是不知说生，不知恶死底。爱生底是不明死也可爱，《齐物论》用丽姬与梦底譬喻说："丽之姬，艾封人之子也。晋国之始得之也，涕泣沾襟；及其所于王所，与王同筐床，食刍豢，而后悔其泣也。予恶乎知夫死者之不悔其始之蕲生乎？梦饮酒者，旦而哭泣；梦哭泣者，旦而田猎。方其梦也，不知其梦也，梦之中又占其梦焉，觉而后知其梦也。"死底境地为生者所不知，所以畏惧，不知生是"天刑"，故如《养生主》所说，死是"遁天之刑"，是"帝之县解"。《大宗师》里用子祀子舆四人底友谊来说明死底意味，今具引出。

子祀、子舆、子犁、子来四人相与语曰："孰能以无为首，以生为脊，以死为尻；孰知生死存亡之一体者，吾与之友矣。"四人相视而笑，莫逆于心，遂相与为友。

俄而子舆有病，子祀往问之，曰："伟哉！夫造物者将以予为此拘拘也！"曲偻发背，上有五管，颐隐于齐，肩高于顶，句赘指天，阴阳之气有沴，其心闲而无事，跰𤸷而鉴于井，曰："嗟乎！夫造物者又将以予为此拘拘也！"子祀曰："女恶之乎？"曰："亡。予何恶？浸假而化予之左臂以为鸡，予因以求时夜；浸假而化予之右臂以为弹，予因以求鸮炙；浸假而化予之尻以为轮，以神为马，予因而乘之，岂更驾哉？且夫得者时也，失者顺也，安时而处顺，哀乐不能入也。此古之所谓县解也。而不能自解者物有结之。且夫物不胜天久矣，吾又何恶焉？"

俄而子来有病，喘喘然将死，其妻子环而泣之。子犁往问之，曰，"叱！避！无怛化。"倚其户与之语，曰："伟哉！造物又将奚以汝为，将奚以汝适？以汝为鼠肝乎，以汝为虫臂乎？"子来曰："父母于子，东西南北，惟命之从。阴阳于人，不翅于父母，彼近吾死，而我不听，我则悍矣，彼何罪焉？夫大块载我以形，劳我以生，佚我以老，息我以死，故善吾生者，乃所以善吾死也。今之大冶铸金，金踊跃曰：'我且必为镆铘。'大冶必以为不祥之金。今一犯人之形，而曰人耳人耳，夫造物者必以为不祥之人。今一以天地为大炉，以造化为大冶，恶乎往而不可哉？成然寐，蘧然觉。"

得道者，对于生死，漠然不关心，所以名"为游方之外者"。世俗人是方内人，甚至孔子也不能免于俗见，使子贡去吊子桑户底丧。《大宗师》里假托孔子说明方外人底生死观说，"彼方且与造物者为人，而游乎天地之一气。彼以生为附赘县疣，以死为决疣溃痈，夫若然者又恶知死生先后之所在？假于异物，托于同体，忘其肝胆，遗其耳目，反覆终始，不知端倪，芒然彷徨乎尘垢之外，逍遥乎无为之业，彼又恶能愦愦然为世俗之礼，以观众人之耳目哉？"这样看来，死究竟比生还自然，从拘束的形体解放出来,而达到真正与宇宙同体底境地。道家对于生死底看法与佛家不同也可以从这里看出来。死后所变底形体是变化不是轮回,所以同一人之身,一部分可化为有知的鸡,一部分也可以化为无知的弹丸,又一部分可以化轮化马。这变化不是个体的业力所致,实由于自然底运行,生者不得不生,死者不得不死。像佛家定意要求涅槃,在道家看来,也是徒劳,金在炉中,是不能自主底。

（二）逍遥游论

在哲学的根据上,庄子发展田骈底贵齐说,但在处世方法上都是承继杨朱底"全性保真,不以物累形"[①]底思想。这全性保真底方法在《庄子》里名为"逍遥游"。逍遥底意义是将功名去掉,便能悠悠然自适其生活,一点也没有挂念。这思想在《庄子》内篇里到处都可以找出,尤多见底是《逍遥游》、《养生主》、《人间世》、《德充符》诸篇。在《逍遥游》里所述底鹏、冥灵、大椿,它们底生活与寿命已不是凡庸的生物所能比拟,何况能比得上得道者呢? 他是"乘天地之正,而御六气之辩,以游无穷者"。要达到这个境地,必须舍弃功名与自我,所以说:"至人无己,神人无功,圣人无名。"名称上虽有圣人、神人、至人底分别,在这里都可当做得道者看。

至人无己底例如《齐物论》、《应帝王》和《天地》所举许由、齧缺、王倪底故事。今依武内先生底校正将这段故事排列出来。

---

① 《淮南子·氾论训》。

尧之师曰许由；许由之师曰啮缺；啮缺之师曰王倪；王倪之师曰被衣；尧问于许由曰："啮缺可以配天下乎？吾藉王倪以要之。"许由曰："殆哉！圾乎天下！啮缺之为人也，聪明睿知，给数以敏，其性过人，而又乃以人受天，彼审乎禁过而不知过之所由生。与之配天乎？彼且乘人而无天，方且本身而异形，方且尊知而火齐，方且为绪使，方且为物絯，方且四顾而物应，方且应众宜，方且与物化，而未始有恒。夫何足以配天乎？虽然有族有祖，可以为众父，而不可以为众父父，治乱之率也，北面之祸也，南面之贼也。"（《天地》）

啮缺问乎王倪："子知物之所同是乎？"曰："吾恶乎知之？""子知子之所不知邪？"曰："吾恶乎知之？""然则物无知邪？"曰："吾恶乎知之？虽然，尝试言之。庸讵知吾所谓知之非不知邪？庸讵知吾所谓不知之非知邪？且吾尝试问乎女：民湿寝则腰疾偏死，鳅然乎哉；木处则惴栗恂惧，猨猴然乎哉？三者孰知正处？民食刍豢，麋鹿食荐，蝍且甘带，鸱鸦耆鼠，四者孰知正味？猨猵狙以为雌；麋与鹿交；鳅与鱼游。毛嫱丽姬，人之所美也，鱼见之深入，鸟见之高飞，麋鹿见之决骤，四者孰知天下之正色哉？自我观之，仁义之端，是非之涂，樊然淆乱，吾恶能知其辩？"啮缺曰："子不知利害，则至人固不知利害乎？"王倪曰："至人神矣！大泽焚而不能热，河汉冱而不能寒，疾雷破山，风振海而不能惊。若然者，乘云气，骑日月，而游乎四海之外，死生无变于己，而况利害之端乎？"（《齐物论》）

啮缺问于王倪,四问而四不知,啮缺因跃而大喜,行以告蒲衣子(被衣)。蒲衣子曰:"而乃今知之乎? 有虞氏不及泰氏。有虞氏其犹藏仁以要人,亦得人矣,而未始出于非人。泰氏其卧徐徐,其觉于于,一以己为马,一以己为牛,其知情信,其德甚真,而未始入于非人。"(《应帝王》)

　　尧治天下之民,平海内之政,往见四子藐姑射之山汾水之阳,窅然丧其天下焉。(《逍遥游》)

　　这段故事说明至人无己底意义。许由、啮缺、王倪、被衣四人都是明了至人无己底人,事物底同异、得失、美恶,都不是他们所要知道底,惟其不知,故未为非人底物所累。

　　其次,说明神人无功,庄子用藐姑射神人来做譬喻。

　　肩吾问于连叔曰:"吾闻言于接舆,大而无当,往而不反,吾惊怖其言犹河汉而无极也,大有径庭不近人情焉。"连叔曰:"其言谓何哉?"曰:"藐姑射之山有神人居焉,肌肤若冰雪,绰约若处子;不食五谷,吸风饮露,乘云气,御飞龙,而游乎四海之外;其神凝,使物不疵疠而年谷熟,吾以是狂而不信也。"连叔曰:"然。瞽者无以与乎文章之观;聋者无以与乎钟鼓之声;岂惟形骸有聋盲哉? 夫知亦有之。是其言也,犹时女也。之人也,之德也,将旁礴万物以为一,世蕲乎乱,孰弊弊焉以天下为事? 之人也,物莫之伤,大浸稽天而不溺,大旱金石流,土山焦而不热。是其尘垢秕糠,将犹陶铸尧舜者也,孰肯以物为事?"(《逍遥游》)

神人虽与物接，而心不被缨绋，神不致憔悴，遗身自得，物莫能伤，看尧舜底功名不过是尘垢秕糠而已。第三，说圣人无名，用尧让位于许由底譬喻。

　　　　尧让天下于许由，曰："日月出矣，而爝火不息，其于光也，不亦难乎？时雨降矣，而犹浸灌，其于泽也，不亦劳乎？夫子立而天下治，而我犹尸之，吾自视缺然，请致天下。"许由曰："子治天下，天下既已治也，而我犹代子，吾将为名乎？名者实之宾也，吾将为宾乎？鹪鹩巢于深林不过一枝；偃鼠饮河不过满腹；归休乎君，予无所用天下为。庖人虽不治庖，尸祝不越樽俎而代之矣。"（《逍遥游》）

　　圣人能顺物，一切行为皆与天下百姓共，虽无为君之名，实有为君之德。他于天下既无所求，那更虚玄的名也可以不要了。尸祝不越俎代庖，是明各安其所，不相逾越，才能达到逍遥底境地。世人以为可宝贵底，在圣人看来实在无所用，像越人断发文身，用不着宋人底章甫一样。自我为世人所执持，功名为世人所爱尚，圣人一点也不介意，他所求底只如鹪鹩和偃鼠底生活而已。总之，庄子所求底是天然的生活，自任自适如不系之舟漂流于人生底大海上，试要在可悲的命运中愉快地渡过去。

　　这里可注意底是庄子底至人思想。上面所引底"至人无己"，《齐物论》底"至人神矣，大泽焚而不能热，河汉冱而不能寒，疾雷破山，风振海而不能惊"，《田子方》底"得至美而游乎至乐，谓之至人"，《外物》底"至人乃能游于世而不僻，顺人而不失己"，所标底至人都是庄子和他以后所用底新名词。至人与圣人不同，他是没有政治意味底，他只是知道者。有超越的心境，不以外物为思想底对象，离开民众而注重个人内心的修养底人都是至人。庄子以后用至人来敌对儒家底圣人，是思想上一个转变。至人有时也称真人，注重消极的保身，以治天下为不足道，故对于儒墨底思想加以抨击。上面列至人、神人、圣人三个等第，明至人是最高的。但这里所谓圣人也与儒家所用底不同，是超乎治术之外底。

卯　庄子门人底思想

　　庄子直传门人底思想在《至乐》、《达生》、《山木》、《田子方》、《知北游》、《寓言》、《列御寇》几篇可以找出来。姚姬传以《至乐》与《逍遥游》，《寓言》与《齐物论》，《达生》与《养生主》，《山木》与《人世间》，《田子方》、《列御寇》与《德充符》，《知北游》与《大宗师》底思想相同。这七篇所论底要点在申明万汇底差别，若从自然方面看，都是平等无别。万物都由同一种子所现不同的形状。种与种更迭变化，无终无始像环一样。这名为天均，或天倪。《齐物论》只说明天均底理，而后来的门人便进一步去解释天均。在《至乐》里用万物变化底历程来解天均，自鷪以至于人，都在变化中，故万物皆出于机，皆入于机，而未尝有生死。在《列子·天瑞篇》里也有一段说明种与种更互的变化，与《至乐》底文句差不多。这都是补充《寓言》底"万物皆种也"底意义，以为天地间种种复杂的形体都是由同一种子变化而来。对于宇宙用这种简陋的生物学的说明，现时看来虽然可笑，但这一流道家为要建立他们底天倪论，不能不想及生物生成底问题。他们观察现象界变化底历程，认为种子究竟相同，所差者只是时间与空间底关系而已。说万物等齐底现象便是天倪论，若单就理论说即是齐物论。

　　至于这种子怎样来，变化是为什么，都不是人间的知识所能了解，人所能知底只是从这出于机底现象推得生死变化是必然的命运，无论是谁都不能逃避。自我与形体底关系，如影与形一般。形变我也随之而变，像蜩甲和蛇蜕一样，不能不变，却不知其所以然或所以不然。万物不能不变化，如《知北游》说："天不得不高，地不得不广，日月不得不行，万物不得不昌。"故"彼来则我与之来，彼往则我与之往，彼强阳则我与之强阳"。生活便是一种飘遥强阳底运行现象，来往无心，来不能却，去不能止，不能强问其所以。道家底本体观看来是以天无意志，任运而行底虚无论。因此人在自然中生活惟一的事情为他所能做得到底只有保全其天赋的寿命而已。能保全天赋寿命底人，便能顺应无极的变化，而与天地齐寿。这意思便是《齐物论》所说："和之以天倪，因之以曼衍，所以穷年也。忘年忘义，振于无竟，故寓诸无竟。"《知北游》也说："生也死之徒，死也生之始，孰知其纪？人之生，气之聚也。聚则为生，散则为死，若死生为徒，吾又何患？故万物一也，是其所美者为神奇，其所恶者为臭腐，臭腐复化为神奇，神奇复化为臭腐，故曰通天下一气耳。圣人故贵一。"

辰　承传稷下法治派底庄子学

　　现存底《庚桑楚》、《徐无鬼》、《则阳》、《外物》四篇，在思想上与稷下法治派底道家显有密切的关系。这四篇底著作年代或者与荀子同时，就是当西历纪元前二百六十年前后。《徐无鬼》里举出儒、墨、杨、秉与庄子五家，"秉"或是"宋"①字之误，宋指宋钘。本篇徐无鬼对魏武侯说底偃兵说也暗示着作者生于宋钘以后。《外物》并称"《诗》《礼》"，《庚桑楚》列举礼义知仁信，都反映着荀子底时代。又，《徐无鬼》有"吾所以说吾君者，横说之则以《诗》《书》《礼》《乐》；纵说之则以金板《六弢》"底文句。前者是当时儒家底经典，后者稷下道家假托太公底著作。《庚桑楚》所引《老聃》之言："卫生之经，能抱一乎？能勿失乎？能无卜筮而知吉凶乎？能止乎？能已乎？能舍诸人而求诸己乎？能翛然乎？能侗然乎？能儿子乎？儿子终日嗥而嗌不嗄，和之至也；终日握而手不掜，共其德也；终日视而目不瞚，偏不在外也。行不知所之，居不知所为，与物委蛇，而同其波，是卫生之经已。"这一段婴儿论上半与《管子·心术》下篇相似，下半底意义与《道德经》第五十五章相似，也可以看出是稷下道家之言。四篇底作者虽不定是稷下人物，但以其思想类似，故假定他们是稷下底庄子学者。

　　稷下底庄子学者底思想与慎到底相似，以绝圣弃知为极则。

---

　　①　秉旧解为公孙龙之字，恐不当，今采洪颐煊说。

《庚桑楚》开章说老聃底弟子庚桑楚，得老子之道以居畏垒之山，臣妾中底知者仁者都离开他，他只与拥肿（无知）者，鞅掌（不仁）者同居。三年后，畏垒之民都佩服他，要尊他为贤人。他很不喜欢，他底徒弟反劝他出去为民谋善利，如尧舜一样。庚桑楚说："小子来，夫函车之兽，介而离山，则不免于罔罟之患；吞舟之鱼，砀而失水，则蚁能苦之。故鸟兽不厌高，鱼鳖不厌深。夫全其形生之人，藏其身也，不愿深眇而已矣。且夫二子者，又何足以称扬哉？是其于辩也，将妄凿垣墙而殖蓬蒿也？简发而栉，数米而炊，窃窃乎又何足以济世哉？举贤则民相轧，任知则民相盗，之数物者，不足以厚民。民之于利甚勤，子有杀父，臣有杀君，正昼为盗，日中穴阫。吾语尔，大乱之本必生于尧舜之间，其末存乎千世之后。千世之后，其必有人与人相食者也。"尊贤重知底结果，必至人食人，所以要"全汝形，抱汝生，无使汝思虑营营"。知与义是心身之累，要全生保身，当要放弃它们。在《庚桑楚》里所提出底是卫生主义。所谓卫生是能抱一和过着像婴儿底生活底至人。所以说："夫至人者，相与交食乎地，而交乐乎天；不以人物利害相撄，不相与为怪，不相与为谋，不相与为事；翛然而往，侗然而来。是谓卫生之经已。"再进一步要像婴儿一样："儿子动不知所为，行不知所之，身若槁木之枝而心若死灰矣。若是者，祸亦不至，福亦不来，祸福无有，恶有人灾也？"《庚桑楚》底卫生论是把庄子底全性保真说更彻底地说明，更混合了慎到一派底绝圣弃知说，这或者是曲解庄子底学说去就慎子。此篇作者以为心情行为都应舍弃，因为宇宙本无定无极，若有执着，便有限定，有限定便有累赘了。作者说明宇宙底本性说："有实而无乎处者宇也。有长而无本剽者宙也。有乎生，有乎死，有乎出，有乎入，入出而无见其形，是谓天门。天门者无有也。万物出乎无有。有不能以有为有，必出乎无有。而无有一无有，圣人藏乎是。"在处世方法上，若本着无有底主旨，勃志、谬心、累德、塞道底事情也就消灭了。所以说，"至礼有不人，至义不物，至知不谋，至人无亲，至信僻金，彻志之勃，解心之谬。志德之累，达道之塞。贵富显严名利，六者勃志也。容动色理气意，六者谬心也。恶欲喜怒哀乐，六者累德也。去就取与知能，六者塞道也。此四六者不荡胸中则正，正则静，静则明，明则虚，虚则无为而无不为也。"

《徐无鬼》也是发明绝圣弃知底意义。作者申明天地底生物本无高下贵贱底分别，好公和而恶奸私，立仁义便有授与受底关系，受授之间，奸私随起，所以说："爱民，害民之始也；为义偃兵，造兵之本也。"为天下无异于牧马，牧马者只在去马害而已，牧者使马龁草饮水，便已满足。若加以鞭策，虽能使之日驰千里，却是害了马底本性。牧民者能任民自由，便是至治，若拘以法令，就戕贼人底本性了。圣人行不言之教，用不着德行与知辩，"故德总乎道之所一，而言休乎知之所不知。至矣！道之所一者，德不能同也。知之所不能者，辩不能举也。名若儒墨而凶矣。故海不辞东流，大之至也。圣人并包天地，泽及天下，而不知其谁氏，是故生无爵，死无谥，实不聚，名不立，此之谓大人。狗不以善吠为良，人不以善言为贤，而况为大乎？夫为大不足以为大，而况为德乎？夫大备矣，莫若天地，然奚求焉，而大备矣？知大备者，无求无失无弃，不以物易己也。反己而不穷，循古而不摩，大人之诚。"能知大备，便如天地一般，反求诸己而不穷，上循乎古而不磨灭，外无所求，当无失弃，这样，天真自能保全了。

《则阳》底大意也是阐明返到本性底道理。性是什么呢？"圣人达绸缪，周尽一体矣，而不知其然，性也。复命摇作而以天为师，人则从而命之也。"圣人底一切动作皆以天为师，能达事理而不知其所以然，这便是性底本体。称他为圣人只是常人以他是如此，他自己却不知道。好比一个美人，别人不给他镜子，他永不会知道，圣人爱人也是如此，若没有人告诉他，他也不会知道。这样，便是得到环中底理。环底中央虚空无物，故能随顺万物，运转无穷，循环不息，不可数量计，不可以时分计，这就名为"与物化"。与物化者，便能泯灭物我，返到真性底源。《外物》明至人底天游乃是随性遇物，若挢揉仁义，就会灭真失性。凡非性命之本都是外物，必要去求，徒自劳苦，像车辙中底鲋鱼，只须升斗底水便可活命，此外，虽有西江底水也没有用处。这种返性保真底见解与《管子·心术》很有关系，可以比较来读。

巳　承传稷下阴谋派底庄子学

属于阴谋派底庄子学是《骈拇》、《马蹄》、《胠箧》，和《在宥》底前二章。这几篇大抵是出于一人底手笔，成于齐王建底时代。其中《胠箧》与古本《鬼谷子》很有关系。今本《鬼谷子·符言第十二》底末后有"《转丸》《胠乱》二篇皆亡"一句，《正统道藏》本注说："或有庄周《胠箧》而充次第者。"可见古本《鬼谷子》收《胠箧》一篇。唐司马贞于《史记索隐》中所引底《鬼谷子》田成子杀齐君底文句,《北堂书钞》一四八引《鬼谷子》"鲁酒薄而邯郸围",皆见于今本《庄子·胠箧篇》。但无论如何,这几篇底思想是浸润在"太公书"里头底,作者或者是齐人。

《骈拇》以仁义之道能害性命,凡德性所不当有者,直像骈枝赘疣一样。性命本无为自然,像拇底无骈,指底无枝,像手足底长短中度,故"凫胫虽短,续之则忧;鹤胫虽长,断之则悲。故性非所断,性短非所续,无所去忧也。意仁义其非人情乎?彼仁义何其多忧也?"凡忧皆起于后起底赘疣,仁义底多忧,便在有余与不足底可以增损,早已离开本性了。加以既成底有余与不足也不能补救,必要有所作为,也有忧患。故礼乐仁义都是矫揉造作、伤害性命底事。自三代于下,小人以身殉利,士以身殉名,大夫以身殉家,圣人以身殉天下,都是因为以物易性,以至于伤损。善治民者当循民底常性,不必用仁义来鼓励他们,用法令去威吓他们,使他返到太古淳厚素朴底境地。《马蹄》说善治天下者,"彼民有常性,织而衣,耕而食,是谓同德;一而不党,命曰天放。^① 故至德之世,其行填填,其视颠颠,当是时也,山无蹊隧,泽无舟梁,万物群生,连属其乡,禽兽成群,草木遂长,故其禽兽可系羁而游,鸟鹊之巢可攀援而窥。夫至德之世,同与禽兽居,族与万物并,恶乎知君子小人哉?同乎无知,其德不离;同乎无欲,是谓素朴。素朴而民性得矣。及至圣人,蹩躠为仁,踶跂为义,而天下始疑矣;澶漫为乐,摘僻为礼,而天下始分矣。故纯朴不残,孰为牺尊?白玉不毁,孰为珪璋?道德不废,安取仁义?

---

① 天放:陆德明《音义》"放如字,崔本作牧,云养也。"今从牧字解。

性情不离，安用礼乐？五色不乱，孰为文采？五声不乱，孰应六律？夫残朴以为器，工匠之罪也。毁道德以为仁义，圣人之过也。"

《胠箧》说田成子不但窃齐国，并且盗其圣知之法，看来世俗之所谓至知至圣，没有不是为大盗预备底。"圣人不死，大盗不止"，故当掊击圣人，使圣知弃绝；纵舍盗贼，使所窃底圣知无所用，能够如此，天下便治了。总之，这几篇底作者主张人须得到自然底生活，以绝圣弃知为极则，虽倾向慎到一流底思想，却又注重性情底保持，可以看为受慎子与鬼谷子思想底庄子后学底作品。作者对于儒家底仁义礼乐治天下底理想，特加排斥，以为这些都是束缚。《在宥》说："故君子不得已而临莅天下，莫若无为。无为也，而后安其性命之情。故贵以身于为天下，则可以托天下；爱以身于为天下，则可以寄天下。"

午　秦汉儒家化底庄子学

《天地》、《天道》、《天运》、《刻意》、《缮性》、《秋水》、《天下》，七篇大抵成于秦汉之际。作者底思想也是以返到自然底性为尚。作者不十分反对儒家，而其内容与《易》底《彖传》、《象传》与《系辞传》很相近。从作者屡引孔子与老聃底关系，也可以看出他们是折衷儒道底性说，来反对杨墨底。所不同者，儒主以率性，而道主以反性。《缮性篇》说："古之存身者不以辩饰知，不以知穷天下，不以知穷德，危然处其所，而反其性，已又何为哉？道固不小行，德固不小识，小识伤德，小行伤道，故曰正己而已矣。"

善于存身者不用知辩，不用德行，因为这都是有为，一用知则一切知皆为小识，一用行则一切行都是小行，所以要危然安处，反其性而复其初，自己一无所为，毫无缺憾，性命就保全了。《天地篇》述子贡教汉阴丈人用桔槔汲水，这种行为，便是小知小行，丈人并非不知，只是耻而不为。故说："有机械者，必有机事；有机事者，必有机心。机心存于胸中，则纯白不备。纯白不备，则神生不定。神生不定者，道之所不载也。"

　　人性底本源是从最初的无有无名发展而来，人当反到那个地位。《天地篇》说："泰初有无；无有无名，一之所起。有一而未形，物得以生，谓之德。未形者有分，且然无间，谓之命。留动而生物，物成生理，谓之形。形体保神，各有仪则，谓之性。性修反德，德至同于初。同乃虚，虚乃大，合喙鸣。喙鸣合，与天地为合。其合缗缗，若愚若昏，是谓玄德，同乎大顺。"如《缮性》所说，凡"缮性于俗学以求复其初；滑欲于俗思，以求致其明"者都是"蔽蒙之民"。俗学俗思所以不能复初致明底原故，在役于知而不恬。反性复初底方法在以恬养知，以知养恬。以恬养知是知止于所不知，能明本体，不至于蒙昧，此知是直观底，是从恬静得来底。以知养恬是后起底知，从学习而来，于自然生活都无所用，故当以其所知养其所不知，使仍归于无知。这思想是《大宗师》"以其知之所知以养其知之所不知"底发展。若能以知与恬交相养，则有知归于无知，无知则无不知，本体湛然，自然底性情都包含在里头。所以说："古之人在混芒之中，与一世而得淡漠焉。当是时也，阴阳和静；鬼神不扰；四时得节；万物不伤；群生不夭；人虽有知，无所用之。此之谓至一。当是时也，莫之为而常自然。逮德下衰，及燧人伏羲始为天下，是故顺而不一。德又下衰，及神农黄帝始为天下，是故安而不顺。德又下衰，及唐虞始为天下，兴治化之流，澆淳散朴，离道以善，险德以行，然后去性而从于心；心与心识知，而不足以定天下，然后附之以文，益之以博；文灭质，博溺心，然后民始惑乱，无以反其性情而复其初。"故存身之道在于正己，正己则得志，得志则无忧，无忧则无为自然，而反复泰初底性情。无忧便是天乐，便是能与天地合德底人。

天地之德是虚静恬淡，寂寞无为。圣人休休然不役心于取舍之间，一切都以平易处之，这样就恬然无所知，淡然不与物交忤，故《刻意》说："平易恬淡，则忧患不能入，邪气不能袭，故其德全而神不亏。"今引《天道》里解虚静恬淡寂寞无为底意义于下。

夫虚静恬淡寂寞无为者，天地之平，而道德之至，故帝王圣人休焉。休则虚，虚则实，实则伦矣。虚则静，静则动，动则得矣。静则无为，无为也，则任事者责矣。无为则俞俞，俞俞者，忧患不能处，年寿长矣。

夫虚静恬淡寂寞无为者，万物之本也。明此，以南向，尧之为君也。明此，以北面，舜之为臣也。以此处上，帝王天子之德也。以此处下，玄圣素王之道也。以此退居而闲游，江海山林之士服。以此进为而抚世，则功大名显，而天下一也。无为也而尊，朴素而天下莫能与之争美。夫明白于天地之德者，此之谓大本大宗，与天和者也；所以均调天下，与人和者也。与人和者，谓之人乐；与天和者，谓之天乐。

庄子曰：吾师乎！吾师乎！鏊万物而不为戾；泽及万物而不为仁；长于上古而不为寿；覆载天地，刻雕众形，而不为巧；此之谓天乐。故曰，知天乐者，其生也天行，其死也物化，静而与阴同德，动而与阳同波。故知天乐者，无天怨，无人非，无物累，无鬼责。故曰：其动也天，其静也地。一心定而王天下，其鬼不祟，其魂不疲。一心定而万物服，言以虚静推于天地，通于万物，此之谓天乐。天乐者，圣人之心以畜天下也。

以上都是庄子底全性保真说底申明。但如杨朱一派以放纵性情，恣意于饮食男女，却又做不得。人有生存底欲望，只要适顺自然，无所取舍，便不至于失掉本性。故《天地》说："失性有五：一曰，五色乱目，使目不明；二曰，五声乱耳，使耳不听；三曰，五臭薰鼻，困惾中颡；四曰，五味浊口，使口厉爽；五曰，趣舍滑心，使性飞扬。此五者，皆生之害也。"用青黄文饰底牺尊与弃置在沟壑里底断木，同是从一块木头所成，美丑虽然不同，而失掉木底本性则同。故跖与曾史，行为底善恶虽然不同，而失掉人底本性却是一样。总之，凡顺乎自然底都与本性孚合，天与人底分别便在这里。如《秋水》所说牛马四足，是天；落马首，穿牛鼻，是人。所以"无以人灭天；无以故灭命；无以得殉名；谨守而勿失，是谓反其真"。

这一派底作者也承认政治社会底活动，因而不很反对儒家底名与仁义底思想，不过不以这些为生活底极则而已。《天运》

说："名，公器也，不可多取。仁义，先王之蘧庐，止可以一宿而不可久处，觏而多责。古之至人假道于仁，托宿于义，以游逍遥之虚，食于苟简之田，立于不贷之圃。逍遥，无为也。苟简，易养也。不贷，无出也。古者谓是采真之游。"在《天道》里也承认仁义底地位，因为人道是取则于天道底。"天尊地卑，神明之位也。春夏先，秋冬后，四时之序也。万物化作，萌区有状，盛衰之杀，变化之流也。夫天地至神而有尊卑先后之序，而况人道乎？宗庙尚亲，朝廷尚尊，乡党尚齿，行事尚贤，大道之序也。语道而非其序者，非其道也。语道而非其道者，安取道？是故古之明大道者先明天，而道德次之；道德已明，而仁义次之；仁义已明，而分守次之；分守已明，而形名次之；形名已明，而原省次之；原省已明，而是非次之；是非已明，而赏罚次之；赏罚已明，而愚知处宜，贵贱履位，仁贤不肖袭情，必分其能，必由其名。以此事上，以此畜下，以此治物，以此修身，知谋不用，必归其天，此之谓太平，治之至也。"

自仁义以至赏罚都是人间底活动，只要处置得宜，愚知贵贱，各由其名，各分其能就可以。《天地》述华封人祝尧三多，便是这意思。

> 尧观乎华。华封人曰："嘻，圣人！请祝圣人，使圣人寿！"
> 尧曰："辞。"
> "使圣人富！"
> 尧曰："辞。"

"使圣人多男子！"

尧曰："辞。"

封人曰："寿，富，多男子，人之所欲也，女独不欲，何邪？"

尧曰："多男子则多惧，富则多事，寿则多辱。是三者非所以养德也。故辞。"

封人曰："始也我以女为圣人邪？今然君子也。天生万民必授之职，多男子而授之职，则何惧之有？富而使人分之，则何事之有？夫圣人，鹑居而鷇食，鸟行而无彰。天下有道，则与物皆昌；天下无道，则修德就间；千岁厌世，去而上仙，乘彼白云，至于帝乡。三患莫至，自常无殃。则何辱之有？"封人去之。尧随之曰："请问。"封人曰："退已！"

华封人底话意是多男子能各依其能力任事，则天下都是有职业底人，愚智相欺，贵贱相夺底事自然没有，也就不用惧怕了。多富若能分之于天下，使天下底财货均等，没有田土连阡底富人，没有立足无地底贫者，天下也就没事了。多寿只要适意安心，不使性命受扰，无忧无虑，到厌世底时候便乘白云成仙到帝乡去遨游。这里已经变了"物化"底意义而成为成仙底理想。至于礼义法度，不能一定取则于尧舜，应当应时而变，在《天运》里说，用周公底衣服去穿在猴子身上，它必都给撕碎了。古今底不同就如猴与周公底分别。作者评儒家所说底先王底法度，像取先王已陈底刍狗。刍狗未陈底时候，用箧衍盛着，用文绣披在上头，尸祝斋戒去迎接它；到已陈过，走路底人践它首脊，检柴草底把它检去烧掉。如人把已陈底刍狗再盛在筐里,再用文绣给它披上,他底眼岂不眯了吗?

未　承传杨朱派底庄子学

现存《庄子》里底《让王》、《盗跖》、《说剑》、《渔父》四篇为全书最后的部分。《让王》全篇合十五短篇故事而成,主旨在阐明名利禄位底不足重,惟生为尊。其中列子辞郑子杨底粟见于《列子·说符》;子贡乘大马见原宪;尧以天下让许由善卷,和伯夷叔齐饿死首阳底故事都见于《列子·杨朱》。尊生便是杨朱底全性保真说,可见作者是倾向杨朱思想底。《让王》说:"能尊生者,虽富贵不以养伤身,虽贫贱不以利累形。"患得患失底人终要伤身累形,甚至危身弃生。名利不过是极轻微底事物,生是何等重要?用宝贵底生与身去殉轻微底物,比"以随侯之珠弹千仞之雀"所失底还要重大,所以圣人不取。《盗跖》分三章:第一述孔子见盗跖底故事;第二记子张与满苟得底问答;第三记无足与知和底问答。孔子见盗跖全脱胎于《列子·杨朱篇》中子产劝诫他底兄弟底故事。作者极力排斥孔子祖述尧舜、宪章文武底主张,说尧、舜、禹、汤、文、武都是"以利惑其真,而强反其性情,其行乃甚可羞也"。在人事上所谓圣王、贤士、忠臣,都是为利惑真,罹名轻死底人,依人情说,应当尽一生之欢,穷当年之乐,以保全寿命。生命很短,且多愁苦,若不及时享乐,便枉为人了。所以说:"人上寿百岁,中寿八十,下寿六十,除病瘦死丧忧患,其中开口而笑者,一月之中不过四五日而已矣。天与地无穷,人死者有时。操有时之具，而托于无穷之间，忽然无异骐骥之驰过隙也。不能说其志意，养其寿命者，皆非通道者也。"这全是杨朱底思想。《盗跖》第二第三两端排斥儒家底重名，以为君子殉名正与小人殉利一样，都是变性易情底事。为名利者皆拘于是非善恶，而是非善恶固无一定标准，只在各执所见以是其所是而非其所非。"小盗者拘，大盗者为诸侯。诸侯之门，义士存焉。昔者桓公小白杀兄入嫂，而管仲为臣；田成子常杀君窃国而孔子受币。论则贱之，行则下之……故书曰：孰恶孰美？成者为首，不成者为尾。"所以事情不必问曲直，小人君子，都无是处，若能运不滞的圆机，得自然的天极，得其环中以应四方，便能得着长生安体乐意底道。"故曰：无为小人，反殉而天。无为君子，从天之理。若枉若直，相而天极，面观四方，与时消息。若是若非，执而圆机，独成而意，与道徘徊。无转而行，无成而义，将失而所为。无赴而富，无殉而成，将弃而天。"这也是从杨朱底思想演绎出来底。

《渔父》借渔父底话来排斥孔子饰礼乐、行仁义、选人伦以化齐民底见解。作者以为人有八疵四患，虽有礼乐、仁义、人伦，也不能改变过来，不如自己修身守真为妙。八疵者："非其事而事之，谓之总。莫之顾而进之，谓之佞。希意道言，谓之谄。不择是非而言，谓之谀。好言人之恶，谓之谗。析交离亲，谓之贼。称誉诈伪，以败恶人，谓之慝。不择善否，两容颊适，偷拔其所欲，谓之险。此八疵者，外以乱人，内以伤身，君子不友，明君不臣。所谓四患者，好经大事，变更易常，以挂功名，谓之叨。专知擅事，侵人自用，谓之贪。见过不更，闻谏愈甚，谓之狠。人同于己则可，不同于己，虽善不善，谓之矜。"儒者不明人有这些劣点，一心去"审仁义之间，察同异之际，观动静之变，适受与之度，理好恶之情，和喜怒之节"，直如畏影恶迹底人，举足疾走，走愈远而迹愈多，走愈疾而影不离，若处阴则影自休，处静则迹自息了。处阴处静，便用不着仁义礼乐，因为这些都是世俗所为，随时可以变易底。圣人守真，故无牵强反性底行为，一切皆出于自然，毫无虚伪。所以说："真者，所以受于天也，自然不可易也。故圣人法天贵真，不拘于俗。愚者反此，不能法天而恤于人；不知贵真，禄禄而受变于俗。"

《让王》、《盗跖》、《渔父》底内容多是承传杨朱全性保真底见解，或者是杨朱底后学所作。《说剑》说三种剑，不像庄子或杨子底口气，却有阴谋家底意味，恐怕与《庄子》原本没甚关系。大概因为篇中底主人是庄子，所以把它编入吧。

第五章　秦汉底道家

从《庄子》内容底复杂看来，自战国末年直到汉初，道家思想几乎浸润了各派。最反对道家底儒墨也接受了多少道家底思想。墨子一派底思想与道家底关系比较地浅，然在今本《亲士篇》里有"太上无败，其次败而有以成"和"大圣人者，事无辞也，物无违也，故能为天下器"，都有道家底口气。《礼记》底《中庸》、《礼运》等篇，《易经》底《象传》、《彖传》、《系辞传》，也染着浓厚底道家色彩。《荀子》底《天论》显是道家底思想；《解蔽》底"至人"，《礼论》底"太一"，都是道家底名词。即如性恶论也与道家思想有关。《渔父》底八疵四患，也暗示人性本恶底意思。法家底排斥仁义，以人为势利和私欲底奴隶，也是从道家思想而来，所差底只将道家虚静无为底消极观念转而为积极底治世术而已。《韩非子·主道篇》底"道在不可见，用在不可知，虚静无事，以暗见疵。见而不见，闻而不闻，知而不知"，是从《老子》十四章不见不闻不知所转出来底治术。又《杨权篇》及《吕氏春秋·审分览·君守篇》所用底都是道家术语底法家化。《审分览·任数篇》所出申不害底话："何以知其聋？以其耳之聪也。何以知其盲？

以其目之明也。何以知其狂？以其言之当也。故曰：去听无以闻则聪；去视无以见则明；去智无以知则公。去三者不任则治；三者任则乱。"这明是道家思想。汉代儒法结合，而道家又包容法家，所以汉儒多染黄老色彩。甚至名家也附在道家化底法家里头，而被称为"刑名之学"，或刑名法术之学。①

战国末年道家思想非常普遍，因为这种乱世哲学很适宜于当时底情境。那时道家底著作思想必很多，其思想底断片如今散见于《吕氏春秋》里头。到汉初淮南王乃集成一部系统底书，名《鸿烈》。从这两部可以略窥当时道家思想底大概。

甲　吕氏春秋及养生说

《史记·吕不韦传》载不韦为阳翟大贾，秦太子政立，尊他为相国，号称仲父。当时魏有信陵君，楚有春申君，赵有平原君，齐有孟尝君，都以下士纳客相倾。吕不韦以秦底强而不能礼贤下士为耻，于是也招致食客三千人。又因为当时诸侯所养底士多著书布于天下，不韦便使他底客人各著所闻，以为八览、六论、十二纪，二十余万言，包罗天地万物古今底事情，名曰《吕氏春秋》。书成，不韦把它陈列在咸阳市上，悬千金于其上，说如有增损书中一字者给千金，至终没有人能够改易它。太史公亦称这书为《吕览》。事实上，这书是当时知识学说底总述，有些只是前人著作底节录，故《艺文志》把它列入杂家。书中记儒墨道三家底学

---

① 见《史记》《申不害传》、《商鞅传》、《张叔传》。

说特多，具道家思想底为《先识览》底《察微》，《审分览》底《君守》、《知度》、《不二》、《执一》，《审应览》底《精谕》，《似顺论》底《有度》、《分职》等篇。这书底编纂时期，在十二纪末篇《序意》里有"维秦八年，岁在涒滩"底记载，注说"八年，秦始皇即位八年也，岁在申，名涒滩"可知现在的本子与吕不韦当时所订底本子差不多。十二月纪恐怕比《礼记》底《月令》还要早。卢文弨说："《玉海》云《书目》是书凡百六十篇。今书篇数与书目同，然《序意》旧不入数，则尚少一篇。此书分篇极为整齐：十二纪，纪各五篇；六论，论各六篇；八览，览当各八篇。今第一览止七篇，正少一。考《序意》本明十二纪之义，乃末忽载豫让一事，与序意不类。且旧校云，一作《廉孝》与此篇更无涉，即豫让亦难专有其名，因疑《序意》之后半篇俄空焉。别有所谓《廉孝》者，其前半篇亦简脱，后人遂强相附合，并《序意》为一篇，以补总数之缺。然《序意》篇首无'六曰'二字，后人于目中专辄加之，以求合其数，而不知其迹有难掩也。"这书底脱漏在这一点上最显。其次如《有始览·应同》说五德恐怕是汉人所增改。此外改窜底痕迹极微，可以看为吕氏原本。

儒墨法都是经世底法术，道只在自己生活底调护，所以在战国时代道家有"养生"、"贵生"、"全生"、"卫生"等名词，对于自己生活底调护至终分出两条路，一是纵性，一是尊生。如杨朱一流底思想是纵性底一条路。这是要人反到禽兽式底生活，肯定满足肉体底和感官底欲求是人生底自然状态。生活无它，享乐而已。这种风气在战国时代最盛。当时以这说法为"全生之说"。这当然与伦理和法治思想相违，故为儒墨法诸家所攻击。如《管子·立政论》说:"全生之说胜,则廉耻不立。"是怕人人纵欲妄行,男女无别,反于禽兽,以致礼义廉耻不能存立,人君无以自守。尊生底思想却不主张放纵性情,是对于既得底生命加意调护,使得尽其天年。当时以尽天年为寿,即如病死也是横死,故人当尽力调摄身体,享乐不可过度,然后可以免除病患。尊生底意义,简单地说便是长生主义。《孟春纪·重己》说:"世之人主,贵人,无贤不肖,莫不欲长生久视,而日逆其生,欲之何益?凡生之长也,顺之也;使生不顺者,欲也。故圣人必先适欲。室大则多阴,台高则多阳,多阴则蹶,多阳则痿,此阴阳不适之患也。是故先王不处大室,不为高台,味不众珍,衣不燀热。燀热则理塞,理塞则气不达。味众珍则胃充,胃充则中大鞔,中大鞔而气不达。以此长生,可得乎?昔先王之为苑囿园池也,足以观望劳形而已矣;其为宫室台榭也,足以辟燥湿而已矣;其为舆马衣裘也,足以逸身暖骸而已矣;其为饮食酏醴也,足以适味充虚而已矣;其为声色音乐也,足以安性自娱而已矣。五者,圣王之所以养性也。非好俭而恶费也,节乎性也。"死是不可免的事实,圣人所要底是"终其寿,全其天",[1]使身心舒适,情欲有节,然后可以得寿。《孟春纪·本生》说:"人之性寿,物者抇之,故不得寿。物也者,所以养性也,非所以性养也。今世之人惑者多以性养物,则不知轻重也。……是故圣人之于声色滋味也,利于性则取之,害于性则舍之,此全性之道也。世之贵富者,其于声色滋味也,多惑者日夜求幸而得之则遁焉。遁焉,性恶得不伤?万人操弓,其

---

① 《仲夏纪·大乐篇》。

射一招,招无不中;万物章章,以害一生,生无不伤,以便一生,生无不长。故圣人之制万物也,以全其天也。天全则神和矣,目明矣,耳聪矣,鼻臭矣,口敏矣,三百六十节皆通利矣。此人者,不言而信,不谋而当,不虑而得,精通乎天地,神覆乎宇宙。其于物,无不受也,无不裹也,若天地然。上为天子而不骄,下为匹夫而不惛,此之谓全德之人。贵富而不知道,适足以为患,不如贫贱。贫贱之致物也难,虽欲过之奚由?出则以车,入则以辇,务以自佚,命之曰招蹙之机。肥肉厚酒,务以自强,命之曰烂肠之食。靡曼皓齿,郑卫之音,务以自乐,命之曰伐性之斧。三患者,贵富之所致也,故古之人有不肯贵富者矣,由重生故也。"又《仲春纪·贵生》引子华子说:"全生为上,亏生次之,死次之,迫生为下。故所谓尊生者,全生之谓。所谓全生者,六欲皆得其宜也。所谓亏生者,六欲分得其宜也。亏生则于其尊之者薄矣。其亏弥甚者也,其尊弥薄。所谓死者,无有所以知复其未生也。所谓迫生者,六欲莫得其宜也,皆获其所甚恶者,服是也,辱是也。辱莫大于不义,故不义迫生也。而迫生非独不义也。故曰迫生不若死。"这里分生活底等为四。六欲注解作生死耳目口鼻之欲。生固然是欲;感官底享受也是欲;死有为义底死,有为生无乐趣而自杀底死,亦可以看为一种欲。故六欲皆得其宜,是不贪死,不慕死,不纵情于声色滋味。尊生须舍去功名富贵,因为这些给人伤生底机缘很大。在战国时代上流社会底物质享受很丰富,所以有这种反响。

由于尊生底理想,进而求生命在身体里所托底根本。知养生底必然要知道怎样保护生命底元素。《季春纪·尽数》说:"天生阴阳,寒暑燥湿,四时之化,万物之变,莫不为利,莫不为害。圣人察阴阳之宜,辨万物之利以便生,故精神安乎形,而年寿得长焉。长也者,非短而续之也,毕其数也。毕数之务,在乎去害。何谓去害?大甘,大酸,大苦,大辛,大碱,五者充形,则生害矣。大喜,大怒,大忧,大恐,大哀,五者接神,则生害矣。大寒,大热,大燥,大湿,大风,大霖,大雾,七者动精,则生害矣。故凡养生,莫若知本。知本则疾无由至矣。"中国古代所推想底生命元素是形、神、精。形是肉体,神是情感,精是环境。生命底维持在乎精气与形气底流动,故说:"形不动则精不流,精不流则气郁。"《恃君览·达郁》也说:"病之留,恶之生也,精气郁也。"气是合形神精而成底生命体。古人常以气息为生命,《庄子·秋水》以气为从阴阳受得。分开可以说形气、神气、精气。人受阴阳底气才能生存,故《管子·枢言》说:"有气则生,无气则死。"《季春纪·先己》说:"精气日新,邪气尽去,及其天年,此之谓真人。"当时底儒家好像不讲气,而讲神、命、心或性。《荀子·天论》说:"形具而神生,好恶喜怒哀乐藏焉。"在《荀子·正名》里底心与神同义。心有两个意义:一是官感底主宰,一是情感底元首,也称为神。从心生出性情,如《正名》说:"生之所以然者谓之性。生之和所生,情合感应,不事而自然,谓之性。性之好恶喜怒哀乐,谓之情。"此"生之所以然"便是《中庸》底"天命"。在《荀子·修身》虽有"扁善之度,以治气养生,则后彭祖"底文句,但这是用道家底辞和思想,不能看为纯儒家的话。儒家所重底是养心,存心养性,或治心底方法,与养生底思想没有什么因缘。

养生底方法,总一句话说,便是避免情底激动,和气底受害。

由此一变而为调和身心，使生活安适底全生长寿思想。《仲夏纪·适音》说："乐之务在于和心。和心在于行适。夫乐有适，心亦有适。人之情欲寿而恶夭，欲安而恶危，欲荣而恶辱，欲逸而恶劳。四欲得，四恶除，则心适矣。四欲之得也，在于胜理。胜理以治身，则生全，生全则寿长矣。"田骈与庄子底齐物论到这时变为不害自然的身心，生命延长到得着知能如天地底理想。《仲春纪·情欲》说："古人得道者，生以长寿，声色滋味，能久乐之。"人能体道、无欲、像天一样，故能长寿，寿长然后可以久乐。《季春纪·论人》说，"适耳目，节嗜欲，释智谋，去巧故，而游意乎无穷之次，事心乎自然之涂。若此，则无以害其天矣。无以害其天则知精。知精则知神。知神之谓得一。凡彼万物，得一后成。故知知一则应物变化，阔大渊深，不可测也；德行昭美，比于日月，不可息也；豪士时之，远方来宾，不可塞也；意气宣通，无所束缚，不可收也。故知知一则复归于朴，嗜欲易足，取养节薄，不可得也；离世自乐，中情洁白，不可量也；威不能惧，严不能恐，不可服也。故知知一则可动作当务，与时周旋，不可极也；举错以数，取与遵理，不可惑也；言无遗者，[①]集肌肤，不可革也；谗人困穷，贤者遂兴，不可匿也。故知知一则若天地然，则何事之不胜，何物之不应？"能够得一，就可以应任一切，什么欲，什么病，都不能侵害，寿命自然也可以长久得像天地一样。从长寿思想生出彭祖、乔松底故事，[②]进而为不死药底寻求、唱不死之道[③]底结果便

---

① 此句有脱字。
② 见《荀子·修身》，《吕览·执一》，《秦策》。
③ 见《韩非》《说林》《外储说》，《楚策》。

助长了神仙底思想。

乙　淮南子及阴阳五行说

　　淮南子刘安是汉高祖底孙，父为淮南厉王刘长。文帝封安于淮南，使袭父爵。安好读书，鼓琴，不喜田猎，得百姓爱戴；又广延宾客，招致方术之士数千人。其中以苏飞、李尚、左吴、田由、雷被、毛被、伍被、晋昌八人为最著。这八人又称八公，今安徽寿县底八公山，《水经注·肥水》说山上有刘安庙，庙中有安及八士底像，庙前有碑，为齐永明十年所建。八公之外，还有大山、小山之徒。刘安与诸人讲论道德，总统仁义，而著《鸿烈解》。书底主旨近于老子底淡泊无为，蹈虚守静。号为"鸿烈"，鸿是大，烈是明底意思，刘向校定，名之为《淮南》。《汉书》说淮南王有《内书》二十一篇，《外书》三十三篇，《中书》八卷。《外书》与《中书》已亡，今存《内书》二十一篇。这书与《庄子》有密切关系，今本《庄子》底纂集或者也是成于刘安宾客底手。

　　《淮南》卷末底《要略》把全书各篇底大意总括起来说明其内容。现在把各篇底要旨抄录在底下。

　　《原道》者：卢牟六合，混沌万物，像太一之容，测窈冥之深，以翔虚无之轸；托小以苞大，守约以治广，使人知先后之祸福，动静之利害，诚通其志，浩然可以大观矣。欲一言而寤，则尊天而保真；欲再言而通，则贱物而贵身；欲参言而究，则外物而反情。执其大指以内洽五藏，瀸濡肌肤，被服法则，而与之终身，所以应待万方，览耦百变也。若转丸掌中，足以自乐也。

《傲贞》者：穷逐始终之化，嬴埒有无之精，离别万物之变，合同死生之形，使人遗物反己，审人仁义之间，通同异之理，观至德之统，知变化之纪，说符元妙之中，通回造化之母也。

《天文》者：所以合阴阳之气，理日月之光，节开塞之时，列星辰之行，知逆顺之变，避忌讳之殃，顺时运之应，法五神之常，使人有以仰天承顺而不乱其常者也。

《地形》者：所以穷南北之修，极东西之广，经山陵之形，区川谷之居，明万物之主，知生类之众，列山渊之数，规远近之路，使人通回周备，不可动以物，不可惊以怪者也。

《时则》者：所以上因天时，下尽地力，据度行当，合诸人则，形十二节，以为法式，终而复始，转于无极，因循仿依，以知祸福，操舍开塞，各有龙忌，发号施令，以时教期，使君人者知所以从事。

《览冥》者：所以言至精之通九天也，至微之沦无形也；纯粹之入至清也；昭昭之通冥冥也。乃始揽物引类，览取掇掇，浸想宵类，物之可以喻意象形者，乃以穿通窘滞，决渎壅塞，引人之意，系之无极。乃以明物类之感，同气之应，阴阳之合，形埒之朕，所以令人远视博见者也。

《精神》者：所以原本人之所由生，而晓寤其形骸九窍取象与天合同，其血气与雷霆风雨比类，其喜怒与昼宵寒暑并明。审死生之分，别同异之迹，节动静之机，以反其性命之宗，所以使人爱养其精神，抚静其魂魄，不以物易己，而坚守虚无之宅者也。

《本经》者：所以明大圣之德，通维初之道，埒衰世古今之变，以褒先世之隆盛，而贬末世之曲政也。所以使人黜耳目之聪明，精神之感动，撙流遁之观，节养性之和，分帝王之操，列小大之差者也。

《主术》者：君人之事也，所以因作任督责，使群臣各尽其能也。明摄权操柄以制群下，提名责实，考之参伍，所以使人主秉数持要不妄喜怒也。其数直施正邪，外私而立公，使百官条通而辐辏，各务其业，人致其功，此主术之明也。

《缪称》者：破碎道德之论，差次仁义之分，略杂人间之事，总同乎神明之德，假象取耦，以相譬喻，断短为节，以应小具，所以曲说攻论，应感而不匮者也。

《齐俗》者：所以一群生之短修，同九夷之风气，通古今之论，贯万物之理，财制礼义之宜，擘画人事之终始者也。

《道应》者：揽掇遂事之踪，追观往古之迹，察祸福利害之反，考验乎老庄之术，而以合得失之势者也。

《氾论》者：所以箴缕缭繳之间，攕揳唲齵之郄也。接径直施，以推本朴，而非见得失之变，利病之反，所以使人不妄没于势利，不诱惑于事态，有符曮晲，兼稽时势之变，而与化推移者也。

《诠言》者：所以譬类人事之指，解喻治乱之体也。差择微言之眇，诠以至理之文，而补缝过失之阙者也。

《兵略》者：所以明战胜攻取之数，形机之势，诈谲之变，体因循之道，操持后之论也。所以知战阵分争之非道不行也，知攻取坚守之非德不强也。诚明其意，进退左右无所失，击危乘势以为资，清静以为常，避实就虚，若驱群羊，此所以言兵也。

《说山》《说林》者：所以窍窕穿凿百事之壅遏，而通行贯扃万物之窒塞者也。假譬取象，异类殊形，以领理人事之意，解堕结细，说捍搏囷，而以明事埒事者也。

《人间》者：所以观祸福之变，察利害之反，钻脉得失之迹，标举终始之坛也。分别百事之微，敷陈存亡之机，使人知祸之为福，亡之为得，成之为败，利人为害也。诚喻至意，则有以倾侧偃仰世俗之间而无伤乎谗贼螫毒者也。

《修务》者：所以为人之于道未淹，味论未深，见其文辞，反之以清静为常，恬淡为本，则懈堕分学，纵欲适情，欲以偷自佚而塞于大道也。今夫狂者无忧，圣人亦无忧；圣人无忧，和以德也；狂者无忧，不知祸福也。故通而无为也，与塞而无为也同，其无为则同，其所以无为则异。故为之浮称流说其所以能听，所以使学者孳孳以自几也。

《泰族》者：横八极，能高崇，上明三光，下和水土，经古今之道，治伦理之序，总万方之指而归之一本，以经纬治道，纪纲王事。乃原心术，理性情，以馆清平之灵，澄彻神明之精，以与天和相婴薄，所以览五帝三王，怀天气，抱天心，执中含和，德形于内。以著凝天地，发起阴阳，序四时，正流方，绥之斯宁，推之斯行。乃以陶冶万物，游化群生，唱而和，动而随，四海之内一心同归。故景星见，祥风至，黄龙下，凤巢列树，麟止郊野。德不内形，而行其法藉专用制度，神祇弗应，福祥不归，四海不宾，兆民弗化，故德形于内，治之大本。此《鸿烈》之《泰族》也。

以上是今本《鸿烈》底大意。说二十一篇，实际只二十篇，因为末篇《要略》不过是前二十篇底提要而已。《要略》在后段也说:"故著书二十篇，则天地之理究矣，人间之事接矣，帝王之道备矣。"这里可以看出《淮南子》底内容很广泛，几乎是战国至汉诸派思想底总汇。《天文训》与《时则训》主于阴阳家底学说。《地形训》与形方家底说法相近。《主术训》折衷法家名家底见解。《缪称训》是儒家底，与子思底思想很相同。《修务训》与《齐俗训》取农家之言。《兵略训》为兵家之言。以上几篇与其他诸篇底中心思想为道家底。汉初一般道家多以黄老并称，而《淮南》独尊老庄，可以看出这书是传老庄思想底正宗。老庄并称初见于《淮南子·要略训》在《道应训》上底话，而《道应训》底内容又与《韩非》底《喻老》很相近，想是《道德经》古注底一种。在《淮南子》里引证《道德经》及《庄子》为立论根据底地方很多，又可见作者是传老庄思想底。《原道训》底主张全出于《庄子》:其尊天保真，是庄子底根本学说；贱物贵身，是《在宥》等篇底意思；外物反情是《刻意》、《缮性》等篇底主张。综观《淮南》全书是以老庄思想为中心来折衷战国以来诸家底学说，可以看为集汉代道家思想底大成。

《淮南》最古的注有许慎及高诱二家。旧传《道藏》本有许注羼入，但与高注相混，不易分明。陶方琦疑《原道》以次至《修务》

十三篇底注多详，《缪称》以下八篇多略，详者当是许、高注杂混在内，略者必系一家之言。宋苏魏公《文集》内有《校淮南子》题叙云，集贤本卷末前贤题载云：许标其首，皆是闲诂，《鸿烈》之下，谓之记上；高题卷首皆谓之《鸿烈解经》，《解经》之下曰《高氏注》，每篇下皆曰训，又分数篇为上下。此为二本不同处。《隋、唐书·经籍志》记许慎注二十卷，高诱注二十一卷，《旧唐书》载《淮南商诂》二十一卷（商诂既闲诂之讹），高诱注二十一卷；惟《宋史·艺文志》载许慎注二十一卷，高诱注十三卷。今《原道》以次有题篇者适十三篇，大概北宋时高注仅存此数，与苏魏公所说高注十三篇相符，至于许注二十一卷，乃合高注而言，故知高注篇内必混入许氏残注。故宋本及《道藏》本并题为汉太尉祭酒许慎记上，而《缪称》以下八篇全无高注，只存许氏残说，故注独简。陶氏本此以著《淮南许注异同诂》。今《淮南》校本以刘文典先生底《淮南鸿烈集解》为最备。

子　阴阳思想

在《淮南》里可以看为道家新出的思想便是阴阳五行说。卫生保身是生活底问题，而阴阳五行为宇宙问题。在战国末年道家都信阴阳五行之说。"阴阳"这名辞初见于《老子》，其次为《易·系辞传》、《荀子》、《庄子》、《韩非子》、《吕氏春秋》，凡战国末年所出底书没有不见这两字底。《荀子·王制篇》："相阴阳，占祲兆，钻龟陈卦，主禳择五卜，知其吉凶妖祥，伛巫跛击之事也。"在那时底巫觋已能采用阴阳说，足见此说流布底广。《史记·孟子荀卿传》说邹衍说阴阳,衍为西纪元前三世纪底人物,在《孟子》里未见"阴阳"这辞,可知在孟子时代,这说还不流通,到荀子时代便大行了。后来底儒家甚至也多采用阴阳说。在战国末或汉初所成底《易·说卦传》有"立天之道,曰阴与阳;立地之道,曰柔与刚;立人之道,曰仁与义",及"分阴分阳,迭用柔刚"底文句,是以仁义配阴阳。或者孟子还尊孔子底不问闻天道,故单说仁义,但在一般底儒家在宇宙论上已采用了阴阳说,如《礼记·乐记》与《乡饮酒义》都以阴阳配仁义。汉代于仁义礼智四端加入信底一端,以配五行,于是阴阳与五行二说结合起来。但儒书里也有单采五行说底。如《洪范》庶徵中说五行而不说阴阳是一个例。《洪范》底体裁很像战国末年底作品,为《尚书》中最新底一部,大概这书也是注重人生方面,所以忽略了宇宙论底阴阳说罢。自战国末至汉初,阴阳说渐流行,甚至用来配卦占筮。对于礼底解释也采用阴阳说,《礼记》中附会阴阳底如《郊特牲》、《礼器》、《祭统》、《儒行》、《乡饮酒义》等,都是。《大戴记》及《韩诗外传》亦多见阴阳说,董仲舒底思想也是阴阳化底政治论,此外《墨子》、《管子》、《韩非》都有为后学所加底阴阳说。

　　道家底著作中说阴阳越多底,年代越后。《庄子》底《德充符》、《在宥》、《天地》、《天道》、《天运》等,多半受阴阳说底影响。《庄子》里越晚底篇章,阴阳这两字越多见。《淮南》里头,阴阳思想更属重要。我们可以说阴阳说底流行始于西历纪元前约三世纪之初,而盛于汉代。《吕氏春秋》十二月纪底二、三、七、八月,《仲夏纪》底《大乐篇》,《季夏纪》底《音律篇》等,都有"阳气""阴气"底名辞。阴阳是属于气底,《庄子·则阳》有"天地者,形之大者也；阴阳者，气之大者也"底话，《淮南·天文训》"天地之袭精为阴阳，阴阳之专精为四时"，高诱注："袭合也，精气也。"《庄子·大宗师》，《淮南·俶真训》、《泰族训》等篇有"阴阳之气"底话，通常学说"阴阳"便够了。宇宙是形质或精气所成，故《吕氏春秋·有始》说"阴阳材物之精"，《易·系辞传》也有"精气为物"底文句。气有阴阳，而此阴阳与物质底关系如何就不很明了。在宇宙里，有明暗、昼夜、男女等等相对底差别，从经验上说，别为阴阳，本无何等标准，但到后来一切生与无生物都有了阴阳底差别。有时以积极和消极底现象为判别阴阳底标准，例如《天文训》说："积阳之热气生火，火气之精者为日。积阴之寒气为水，水气之精者为月。"

气，从超越阴阳底现象说，为万象底根元。这气也名为精，是万物所共具，在《吕氏春秋·正月纪》、《十月纪》、《十一月纪》里有"天气""地气"，《二月纪》有"寒气""暖气"，《义赏篇》有"春气""秋气"，《应同篇》有五行之气，这都是超越性质底气。万物得这气才能把各个底精彩或特能显示出来。《吕氏春秋·季春纪·尽数》说："精气之集也，必有入也。集于羽鸟，与为飞扬；集于走兽，与为流行；集于珠玉，与为精朗；集于树木，与为茂长；集于圣人，与为夐明。"气在物体里头，无论是生物或无生物，都能发挥其机能或能力，故一切各有其特殊底气。从性质说，气有阴阳底分别。但这分别毫不含有伦理底或宗教底意义。鬼神、男女、善恶、生死等等，虽有阴阳底差异，在起头并没有什么轻重。在《淮南子》时代，对于宇宙生成底神话好像有两种，一是天地剖判说，一是二神混生说。前一说是混沌初开，气轻清者为天，气重浊者为地底见解，《诠言训》说："洞同天地，混沌为朴，未造而成物，谓之太一。同出于一，所为各异。有鸟，有鱼，有兽，谓之分物。方以类别，物以群分，性命不同，皆形于有，隔而不通，分而为万物，莫能及宗。"宇宙一切底事物都从太一剖判出来，故阴阳是从太一或太极分出底。《吕氏春秋·仲春纪·大乐》说："太一出两仪，两仪出阴阳。"又说："万物所出，造于太一，化于阴阳。"《易·系辞传》也说："易有太极，是生两仪。"《礼记·礼运》说："夫礼本于太一，分而为天地，转而为阴阳，变而为四时，列而为鬼神。"这虽是解释《荀子》里底话，却也源于道家底名词。这"一"字是道家所常用，有混沌底意思。《天文训》说："天地未形，冯冯翼翼，洞洞漏漏，故曰太昭。道始于虚霩，虚霩生宇宙，宇宙生气。气有涯垠，清阳者薄靡而为天，重浊者凝滞而为地。清妙之合专易，重浊之凝竭难，故天先成而地后定。天地之袭精为阴阳，阴阳之专精为四时，四时之散精为万物。积阳之热气生火，火气之精者为日。积阴之寒气为水，水气之精者为月。日月之淫为精者为星辰。天受日月星辰；地受水潦尘埃。"二神混生说，如《精神训》说："古未有天地之时惟[①]象无形，窈窈冥冥，芒芠漠闵，澒濛鸿洞，莫知其门。有二神混生，经天营地，孔乎莫知其所终极，滔乎莫知其所止息，于是乃别为阴阳，离为八极，刚柔相成，万物乃形。烦气为虫，精气为人。是故精神，天之有也；而骨骸者，地之有也。精神入其门，而骨骸反其根，我尚何存？是故圣人法天顺情，不拘于俗，不诱于人，以天为父，以地为母，阴阳

---

① "惟"俞樾云乃"惘"字之误，隶书罔字或作罔，故惘与惟相似而误也，惘象即罔象也。

为纲，四时为纪。天静以清，地定以宁，万物失之者死，法之者生。"高诱注，"二神，阴阳之神也，混生，俱生也。"这是阴阳二气，至于男女两性，在《淮南》别篇里还有一个化生者。《说林训》说："黄帝生阴阳；上骈生耳目；桑林生臂手；此女娲所以七十化也。"女娲七十化不详。黄帝，高诱注说："古天神也。始造人之时，化生阴阳。上骈、桑林皆神名。"相传女娲也抟土为人，依这里底说法，两性是黄帝所化生。个人身中也有阴阳，最主要的便是魂魄。《主术训》说："天气为魂，地气为魄，反之元房，各处其宅。守而勿失，上通太一。太一之精，通于天道。天道元默，无容无则，大不可极，深不可测，尚与人化，知不能得。"《易·系辞传》："一阴一阳之谓道。"也是一样的意思。

阴阳在创物底事功上有同等底地位。一切事物都具有这二气，故《荀子·礼论》说："天地合而万物生，阴阳接而变化起。"《易》底八卦互合而为六十四卦也是本着这个原则而来。阴阳相互底关系有并存底与继起底两种。并存说是从生物上两性接合底事情体会出来，如上头所引《礼论》底文句，便是这个意思。《吕氏春秋·正月纪》、《易》泰卦《象传》《淮南·本经训》等，都有天气下降，地气上腾，天地和合而后万物化生底见解。阴阳底感应有同类相引，异类相合底现象。《吕氏春秋·审分览·君守》说："以阳召阳，以阴召阴。"《览冥训》说："阴阳同气相动。"是相引底现象。《览冥训》又说，"至阴飚飚，至阳赫赫，两者交接成和而万物生焉。众雄而无雌，又何化之所能造乎？"这是异类相合底说法。继起说以阴阳性质相反恰如男女，故时常现出调和与争斗底现象。阴阳二气有这现象，才有生出万物，若二气配合则极平等，万物便没有特别底性质，一切都成一样了。《韩非·解老》说："凡物不并盛，阴阳是也。"这恐怕是汉初底说法。又，阴阳有动静开闭底现象，如《庄子·天道》及《刻意》说："静与阴同德，动与阳同波。"《原道训》也说："与阴俱闭，与阳俱开。"故动是阳底，静是阴底，开是阳底，闭是阴底。动静开闭不能并存，故有继起与相胜底现象。《吕氏春秋·仲春纪》说仲春行冬令则阳气不胜，注说因为阴气乘阳，故阳气不胜。阴阳在四时底次序上有一定底配置，时令不依次序则阴阳气必因错乱而相争斗。仲夏与仲冬是阴阳相争底月份，一年之中二气底强弱都从这两个月份出来。昼夜底循环，寒暑底更迭，便是阴阳继起底关系。这也可以名为阴阳消长说。《月令》与《吕氏春秋·十二月纪》便是本著这观念而立底说法。在《荀子·天论》里已有消长底观念，如"列星随旋，日月递炤，四时代御，阴阳大化，风雨博施，万物各得其和以生，各得其养以成。"便是这说法。这思想是战国末年成立底思想。阴阳消长与时间变化底关系，大概是由于生物现象由发生以至老死底观念所暗示。动底、生底，属于阳；静底、死底，属于阴，故生物在时间上有阴阳底分别。《吕氏春秋·季春纪·圜道》说："物动则萌，萌则生，生则长，长则大，大而成，成乃衰，衰乃杀，杀乃藏，圜道也。"显明表示生物在时间上有动静底现象。《恃君览·知分篇》说得更明白："夫人物者，阴阳之化也。阴阳者，造乎天而成者也。天固有衰嗛废伏，有盛盈岔息，人亦有困穷屈匮，有充实达遂。此皆天之容物理也，而不得不然之数也。"

　　阴阳说本与道家思想不很调和，道家把它与自然无为连结起来，成为本派底宇宙观。《庄子·知北游》说："阴阳四时，运行各得其序"，与《天运》底"调理四时，太和万物，四时迭起，万物循生，一盛一衰，文武经纶，一清一浊，阴阳调和"，都是与无为结合起来底说法。《原道训》底"和阴阳，节四时，而调五行"，也是从无为底观点说。四时底运行是因阴阳底变化，如《庄子·则阳》说："阴阳相照，相盖，相治；四时相代，相生，相杀。"都是道底表现。道家承认事物变化底现象，但对于变化底理由与历程自派却没有说明，只采阴阳说来充数。《俶真训》起首说阳阴未分底境地，与《诠言训》所说底太一，究竟是将阴阳化生万物底说法附在道上头。《本经训》说："帝者体太一，王者法阴阳，霸者则四时，君者用六律。秉太一者，牢笼天地，弹压山川，含吐阴阳，伸曳四时，纪纲八极，经纬六合，覆露照导，普泛无私，蠉飞蠕动，莫不仰德而生。阴阳者承天地之和，形万殊之体，含气化物，以成埒类，赢缩卷舒，沦于不测，终始虚满，转于无原。四时者春生，夏长，秋收，冬藏；取予有节，出入有时；开阖张歙，不失共叙；喜怒刚柔，不离其理。六律者，生之与杀也，赏之与罚也，予之与夺也，非此无道也，故谨于权衡准绳，审乎轻重，足以治其境内矣。是故体太一者：明于天地之情，通于道德之伦，聪明耀于日月，精神通于万物，动静调于阴阳，喜怒和于四时，德泽施于方外，名声传于后世。法阴阳者：德与天地参，明与日月并，精与鬼神总，戴圆履方，抱表怀绳，内能治身，外能得人，发号施令，天下莫不从风。则四时者：柔而不脆，刚而不䩄，宽而不肆，肃而不悖，优柔委从，以养群类，其德含愚而容不肖无所私爱。用六律者：伐乱禁暴，进贤而退不肖，扶拨以为正，坏险以为平，矫枉以为直,明于禁舍开闭之道,乘时因势,以服役人心也。"这又是把太一、阴阳、四时、六律顺序配合帝王霸君统治下底四等政治,显然是太一高于阴阳,阴阳高于四时,四时高于六律底意思。六律或者包括礼乐在内。从生生底程序看来,万物皆从一而生。被疑为后来补入底《老子》四十二章底"道生一,一生二,二生三,三生万物"和"万物负阴而抱阳,冲气以为和",在《天文训》里解说:"道始于一,一而不生,故分而为阴阳。阴阳和合而万物生。故曰:一生二,二生三,三生万物。"《淮南》里也未解明为什么是这样生法。

在阴阳说上,道家采用来说明性情底是属于阴静底一点。万物变化为无思无虑无欲无为底自然历程,故应守以虚静。《说林》说:"圣人处于阴,众人处于阳。"阳是活动,活动是有所作为,故圣人不处。此外与养生说也有关系。生所以能和顺是因阴阳底调和。《泰族训》说:"阴阳和而万物生。"《俶真训》说:"圣人呼吸阴阳之气,而群生莫不颙颙然仰其德以和顺。"嗜欲情感不要过度,因为这和自然现象里底四时不调和一样足以伤身害生。四时不调,必有灾异;情欲不和,必有疾病;这都是阴阳不调和所致。阴阳现象本无何等善恶底关系,后人以善属于阳,恶属于阴,是不合道家思想底。

五 五行说

自齐威王宣王底时代,稷下驺衍之徒论著终始五德之运,五行玄学渐次流行于各派思想中间。这思想底根本是以宇宙一切底现象有一定底秩序，都受必然底法理，所谓五行所支配。五行是金木水火土。这五种物质，自然是人生所必须底，故在未经稷下学者说过以前，或者没有何等玄学意义。后来用这五种物质附在星名上，因占星底关系而产生五行说。在《尚书·甘誓》有"有扈氏威侮五行，怠弃三正"底句，三正前人改为天地人之正道。依新城先生底研究，说是春秋中叶以后所起底历法。[①] 在用周正以后，春秋后期有所谓三正论。至春秋末期，更进一步取五行为五德终始说而为三正循环论。战国时代以古代日用五要素底基配合新知底五星，而成立新底五行说。《皋陶谟》底"抚于五辰"，《春秋繁露》底"天有五行"都是指五星而言。邵康节《皇极经世书》说："五星之说，自甘公石公始。"刘向《七录》说："甘公楚人，战国时，作《天文星占》八卷。"又"石申魏人，战国时作《天文》八卷"。看来，观测五星底元祖为甘公石公。他们是占星家，以五星底运行与人间底水旱凶丰有必然底关系，于是开导了五行说。五行说底重要应用，为五德终始说，战国时代底相胜说与汉代底相生说合起来，便成五行玄学。据现代研究底结果，五行各以其优势支配万物底见解，传于文字底当以《吕氏春秋·十二月纪》所说底为最古。《礼记·月令》是取自《吕子》底。五行有性与质底两方面：属于性底，在《吕氏春秋·有始览·名类》里有"木气""火气"底名称；属于质底，如《淮南·泰族训》底说法。《泰族训》与《洪范》一样，在五行之外加谷为六府。《吕子·似顺论·处方》以金木水火底性质不同，说："金木异任，水火殊事。"

---

① 　新城新藏：《干支五行说与颛顼历》。（《支那学》第二卷六号七号）

也是从物质应用底方面说。自五星底知识发展,便将天地一切的原理都纳在里头,将一切事物配置起来,例如《吕子·十二月纪》以五行配五帝;《管子·五行》以之配官职,《四时》以之配日月星辰、气血骨甲等,《地员》以之配五音等。甚至不能配得恰当底也强配上,例如以五行配四方,强加入中央土;配四季强以夏季为土,黄色。到汉代五行底分配更多,董子对策,以五行配仁义礼智信,实为最牵强底分配法底例。在理论底应用方面,如《地形训》以五方说民俗物产底差异,《体经训》以天下乱底原因是由于五遁,都是。

　　五行有相生相克底现象,故历代帝王以五行之德王天下。崔述《考信录》疑相胜说始于驺衍,相生说始于刘向、刘歆。但在《天文训》与《地形训》里以五行有一定底秩序,终始循环,各有生壮老死底变化,故相生底观念必然随着相胜而起。生克等于阴阳消长底现象,故《天文训》强分一年为五分,于苍龙、白虎、朱鸟、玄武之外加上中央底黄龙。阴阳五行说底相生相克与天上五星经行底位置有关,这从《吕子·有始》和《淮南·天文训》可以看出来。《天文训》说冬至为阴气极,阳气萌,夏至为阳气极,阴气萌;又说:"日冬至则水从之,日夏至则火从之。"以下接着说五行相胜,影响于时序人事上底理。《天文训》说"水生木,木生火,火生土,土生金",《地形训》里说,"木胜土,土胜水,水胜火,火胜金,金胜木……木壮,水老,火生,金囚,土死;火壮,木老,土生,水囚,金死;土壮,火老,金生,木囚,水死;金壮,土老,水生,火囚,木死;水壮,金老,木生,土囚,火死。"相生相克底现象,细说起有壮老生囚死五个程序。这程序是互相更代底,实在是消极与积极底关系,《兵略训》说:"奇正之相应,若水火金木之代为雌雄也。"有雌雄然后显出生克底现象,所以在《汉书·五行志》里说五行底牝牡关系。

相生相克说以为五行之气依序而生,像四季底循环一样。从经验说,这不能认为必然底关系与顺序。五行之气各在其分量和活动底范围内保持独立底状态,一与他气接触便现生克作用。生克作用,不能说木定能克土,火定能胜金,或火定能生土,土定能生金,此中有强弱和中和底情形。故《说林训》说:"金胜木者,非以一刃残林也;土胜水者,非以一墣塞江也。"不但如此,五行中各相混杂,像粟得水,到发芽底程度会生热,甑得火会出蒸气,是"水中有火,火中有木"底原故。

在生物界里,五行只造成体质,与魂魄没有什么关系。譬如人死之后,形体各归五行,而魂魄却不属于任何行。《精神训》与《主术训》以魂为天气所成,魄为地气所成,《礼记·郊特牲》说人死时,"魂气归于天,形魄归于地"。若说魂魄终要归入五行,必是间接从天地之气还原,但当时底五行家没说到这一点。《关尹子·四符篇》以精配水,魄配金,神配火,魂配木,乃是后起底说法。中国底五行说与印度底四大说底不同便在这里。

第六章　神仙底信仰与追求

　　道家底养生思想，进一步便成为神仙信仰。神仙是不死底人，求神仙便是求生命无限底延长。这说本与道家全天寿底见解不调和，因为养生说者有养形养神底主张，和道与天地同体无始无终底说法，所以与神仙底资格很合。又，道家文学每多空想，或假托古人神人，也容易与神仙家底神仙故事结合起来。

　　神仙信仰底根源当起于古人对于自然种种神秘底传说。如《山海经》里所记底山神水怪都留着自然神话底影子。又如《楚辞》底《离骚》、《九歌》、《天问》等篇，都显示着超人间生活底神仙意识。那种超人是不老不死，不为物累，游息自在，无事无为，故为道家所羡慕。《老子》里，称理想底人格为"圣人"，《庄子》称之为"至人""神人""真人"，从名称上可以看出道家底超人思想渐次发展底历程。圣人是在人间生活底，至人、神人、真人便超脱人间，所谓游于"方外"或"物外"底人。道家采取民间传说中底超人或神仙生活来做本派理论底例证。当时底小说家与赋家也同样地用那些故事来做文章，还未形成求神仙底可能底信仰。

到方士出来倡导,而产出所谓神仙家,于是求不死药、求神仙底便盛起来。

当战国齐威王宣王底时代,神仙信仰底基础已经稳定,齐人驺衍于是将它造成阴阳消息,五德终始底理论以游说诸侯。现存底驺衍底思想断片见于《论衡·谈天》、《盐铁论·论邹》及《史记》。《史记·孟轲传》记驺衍底事迹说:

> 驺衍睹有国者益淫侈,不能尚德,若大雅整之于身,施之于黎庶矣,乃深观阴阳消息而作怪迂之变,终始太圣之篇十余万言。其语闳大不经,必先验小物,推而大之,无于无垠。先序今以上至黄帝学者所共术大并世盛衰,因载其机祥度制,推而远之,至天地未生,窈冥不可考而原也。先列中国名山、大川、通谷、禽兽、水土所殖,物类所珍,因而推之,及海外人之所不能睹。称引天地剖判以来,五德转移,治各有宜,而符应若兹。以为儒者所谓中国者于天下,乃八十一分居其一分耳。中国名曰赤县神州。赤县神州自有九州,禹之序九州是也,不得为州数。中国外如赤县神州者九,乃所谓九州也。于是有神海环之,人民禽兽莫能相通者,如一区中者,乃为一州。如此者九,乃有大瀛海环其外,天地之际焉。其术皆此类也。然要其归,必止乎仁义节俭,君臣上下六亲之施始也滥矣。王公大人初见其术惧然顾化,其后不能行之。是以驺子重于齐适梁,梁惠王郊迎,执宾主之礼;适赵,平原君侧行襒席;如燕,昭王拥彗先驱,请列弟子之座而受业,筑碣石宫,身亲往师之,作《主运》。其

游诸侯,见尊礼如此,岂与仲尼菜色陈蔡,孟轲困于齐梁同乎哉?

从这段话看来,求神仙底最初步骤是先找到神仙所住底地方。在战国末,天文地理底知识发达,驺衍一方面从自然现象底变化附会阴阳五行说以说明人间底命运,一方面依所知底地理以寻求仙人住处。方士及文学之士又增益许多怪异底说法,仙人与不死药底信仰因此大大地流行,到秦始皇,更为隆盛。《史记·封禅书》说:

自齐威宣之时,驺子之徒论著终始五德之运,及秦帝而齐人奏之,故始皇采用之。而宋毋忌,正伯侨,充尚,羡门子高,最后皆燕人,为方仙道,形解销化,依于鬼神之事。驺衍以《阴阳》、《主运》显于诸侯,而燕齐海上之方士传其述不能通,然则怪迂阿谀苟合之徒自此兴,不可胜数也。自威宣燕昭使人入海求蓬莱、方丈、瀛州,此三神山者,其传在勃海中,去人不远,患且至则船风引而去。盖尝有至者,诸仙人及不死之药皆在焉。其物禽兽尽白,而黄金银为宫阙,未至望之如云,及到,三神山反居水下,临之风辄引去,终莫能至云。——世主莫不甘心焉。及至秦始皇并天下,至海上,则方士言之不可胜数。始皇自以为至海上而恐不及矣,使人乃赍童男女入海求之,船交海中,皆以风为解,曰:"未能至,望见之焉。"其明年始皇复游海上,至琅邪,过恒山,从上党归。后三年游碣石,考入海方士,从上郡归。后五年,始皇

南至湘山，登会稽并海上，冀遇海中三神山之奇药，不得，还
至沙丘，崩。

　　始皇到处封禅，求不死之药，可以说是最热心求神仙底第一
人。汉武帝时，这信仰更加发展，直到汉末张道陵之徒采神仙家
底信仰以立道教，魏晋以后，神仙底寻求乃成为道士所专底事
业。但在神仙说初行底时候，也有一派只以神仙、仙山或帝乡来
寄托自己底情怀，不必信其为必有，或可求底。这派可以称为骚
人派。骚人思想实际说来也从神仙思想流出，而与道家底遐想
更相近。《楚辞》里如"漠虚静以恬愉兮，澹无为而自得"；"下峥
嵘而无地兮，上寥廓而无天；视倏忽而无见兮，听惝恍而无闻；超
无为以至清兮，与泰初而为邻。"都含着很深沉底道家思想。在
《离骚》里充分表现道家化底骚人思想。汉初贾谊之《吊屈原》
《鹏鸟赋》，取意于《庄子》，还带着悲观底骚人情调，但到了司马
相如，便从愁怨变为潇洒出尘之想了。
　　神仙住处在典籍上，以《列子》所载底为最多。青木先生说
神仙说底发展可以分为地仙说与天仙说两种，而地仙说更可分
为山岳说与海岛说。[①] 山岳说以仙山为在西方底山岳中，以昆
仑山为代表。海岛说以为在渤海东底海中神山。神仙住在山
上，源于中国古代以山高与天接近，大人物死后，灵魂每归到天
上，实也住在山顶。《山海经》称昆仑说是"帝之下都"，其余许多
山都是古帝底台。神仙思想发达使人想着这种超人也和古帝一

---

　　① 青木正儿：《神仙说ガラ见左列子》。（《支那学》第二卷第一号）

样住在山上。故神仙住在山岳上比较海上及天上底说法更古。在《楚辞》、《庄子》、《山海经》所记底神仙都是住山岳底。到齐威宣以后才有海上神山底说法。海上神山不能求得，乃渐次发展为住天上底说法。可以说自汉代以后才有升仙底故事。

《列子》所记底神仙故事，可以看出秦汉人先从神人住处再发展到不死国底追求。神人住处，只是理想国，不必是真境，如化人宫、华胥国、终北国、列姑射山是。神仙住处，是不死国人以为实有其地，可以求到底。

一、化人之宫　这记载在《周穆王》第一段。

周穆王时，西极之国有化人来，入水火，贯金石，反山川，移城邑，乘虚不坠，触实不硋，千变万化，不可穷极，既已变物之形，又且易人之虑。穆王敬之若神，事之若君，推路寝以居之，引三牲以进之，选女乐以娱之。化人以为王之宫室卑陋而不可处；王之厨馔腥蝼而不可飨；王之嫔御膻恶而不可亲。穆王乃为之改筑，土木之功，赭垩之色，无遗巧焉。五府为虚，而台始成，其高千仞，临终南之上，号曰中天之台。简郑卫之处子，娥媌靡曼者，施芳泽，正娥眉，设笄珥，衣阿锡，曳齐纨，粉白黛黑，佩玉环，杂芷若，以满之；奏《承云》、《六莹》、《九韶》、《晨露》以乐之。月月献玉衣，旦旦荐玉食，化人犹不舍然，不得已而临之。居亡几何，谒王同游。王执化人之袪，腾而上者中天乃止。暨及化人之宫。化人之宫，构以金银，络以珠玉，出云雨之上而不知下之据，望之若屯云焉。耳目所视听，鼻口所纳尝，皆非人间之有。王实以为清都，紫微，钧天，广乐，帝之所居。王俯而视之，其宫榭若累块积苏焉。王自以居数十年不思其国也。化人复谒王同游，所及之处，仰不见日月，俯不见河海。光影所照，王目眩不能得视；音响所来，王耳乱不能得听。百骸六脏，悸而不凝，意迷精丧，请化人求还。化人移之，王若殒虚焉。既寤，所坐犹向者之处；侍御犹向者之人；视其前，则酒未清，肴未晞。王问所从来。左右曰："王默存耳。"由此，穆王自失者三月，而复更问化人。化人曰："吾与王神游也，形奚动哉？且曩之所居奚异王之宫？曩之所游，奚异王之圃？王间恒疑，暂亡变化之极，疾徐之间，可尽模哉？"

这是精神游于天上底仙乡底例。实际地说，不过是方士底幻术，因与道家远游底思想相合，故作者采为穆王周游底引子。这故事恐怕是经过魏晋间底创作。文体也不很早，绝不像出于秦汉人底手。

二、华胥国　华胥国底故事性质也与化人宫相似，记黄帝做梦游到那里。作者藉神仙家说来描写道家底理想国。在《老子》底小国寡民主义和《庄子·山木》底建德之国底理想上，华胥国加上神仙底气味。《黄帝篇》说黄帝底梦游说：

华胥氏之国在弇州之西，台州之北，不知斯齐国几千万里，盖非舟车足力之所能及，神游而已。其国无帅长，自然而已；其民无嗜欲，自然而已。不知乐生，不知恶死，故无夭疡。不知亲己，不知疏物，故无爱憎。不知背逆，不知向顺，故无利害。都无所爱憎，都无所畏忌，入水不溺，入火不热，斫挞无伤痛，指擿无痟痒，乘空如履实，寝虚若处床。云雾不硋其视，雷霆不乱其听，美恶不滑其心，山谷不踬其步，神行而已。黄帝既寤，怡然自得，召天老、力牧、太山稽告之曰："朕闲居三月，斋心服形，思有以养身治物之道，弗获其术，疲而睡，所梦若此。今知至道不可以情求矣。朕知之矣！朕得之矣！而不能以告若矣！"又二十有八年，天下大治，几若华胥氏之国，而帝登假，百姓号之，二百余年不辍。

黄帝升天之说始于汉代，大概是在道家推尊他为教祖以后。在战国时代想必有许多假托黄帝底书，故在《列子》里常见"黄帝之书曰"底引句。汉初黄老道确立，对于黄帝底神话也随着创造出来。华胥国可以看为汉代道家底理想。

三、终北国　《汤问篇》说禹曾到此国，周穆王也到过。这国底情形是：

滨北海之北，不知距齐州几千万里，其国名曰终北，不知际畔之所齐限。无风雨霜露，不生鸟兽虫鱼草木之类。四方悉平，周以乔陟。当国之中有山。山名壶领，状若甀甄，顶有口，状若员环，名曰滋穴，有水涌出，名曰神瀵，臭过兰椒，味过醪醴。一源分为四，埒注于山下，经营一国，亡不悉遍。土气和，亡札厉。人性婉而从物，不竞不争，柔而弱骨。不骄不忌，长幼侪居，不君不臣。男女杂游，不媒不聘。缘水而居，不耕不稼。土气温适，不织不衣。百年而死，不夭不病。其民孳阜，亡数有喜乐，亡衰老哀苦。其俗好声，相携而迭谣，终日不辍音。饥惓则饮神瀵，力志和平，过则醉，经旬乃醒。沐浴神瀵，肤色脂泽，香气经旬乃歇。

终北底人民所过底是极自然底生活，但到时候也会死。神瀵不是不死药，只是一种生命酒。这国人没有衰老哀苦，只有生死，还保存着纯粹底道家理想。

四、列姑射山　从《庄子·逍遥游》里"藐姑射之山有神人居焉"一句看来，姑射山在很早底时候已被看为神人居住底处所。《山海经》记姑射已有海陆二处。《东山经》记姑射，北姑射，南姑射三山；《海内北经》记列姑射及姑射国。郝懿行《山海经笺疏》以《庄子》所云藐姑射之山在汾水之阳，而列姑射则在海河洲中。这可以看为从山岳说移到海岛说底例。《黄帝篇》说：

> 列姑射山在海河洲中。山上有神人焉，吸风饮露，不食五谷，心如渊泉，形如处女。不偎不爱，仙圣为之臣。不畏不怒，愿悫为之使。不施不惠，而物自足。不聚不敛，而己无愆。阴阳常调，日月常明，四时常若，风雨常均，字育常时，年谷常丰，而土无札伤，人无夭恶，物无疵疠，鬼无灵响焉。

这也是从道家思想创造出来底。总以上诸处底情况说来，那里底土地是很丰裕，气候是极其和适。饮食男女之事未尝没有，不过顺自然底要求而行便了。那里底人物个个像处子一样，没有衰老疾病愁苦底事，随意所适，上天入地都很自在。没有社会国家，没有上下尊卑，人人都不受任何拘束和裁制。活到天年完尽底时候也就物化了。严格说来，这还不是仙乡，因为仙乡必有不死药，只有生而无死。神仙信仰发展后，方士才认定在地上确有仙人住处，不像从前底空想了。这实在底仙乡不在天上而在离人间遥远底地方，最著名底是昆仑山与渤海中底三神山。此中，昆仑底故事恐怕是仙乡最古底传说。

一，昆仑山　《周穆王》说穆王听化人底话，一意求仙，"不恤国事，不乐臣妾，肆意远游。命驾八骏之乘，右服骅骝而左绿耳，右骖赤骥而左白㹕。主车则造父为御，离劂为右。次车之乘，右服渠黄而左逾轮，左骖盗骊而右山子。柏夭主车，参百为御，奔戎为右。驰驱千里，至于巨蒐之国。巨蒐氏乃献白鹄之血以饮王，具牛马之湩以洗王之足及二乘之人。已饮而行，遂宿于昆仑之阿，赤水之阳。别日升昆仑之丘，以观黄帝之宫而封之以诒后世。遂宾于西王母，觞于瑶池之上。西王母为王谣，王和之，其辞哀焉。乃观日之所入，一日行万里。王乃叹曰：于乎！予一人不盈于德而谐于乐，后世其追数吾过乎？"

这记载与《穆天子传》差不多。穆王驾八骏周游天下底传说，也见于《楚辞·天问》"穆王巧梅，夫何为周流？环理天下，夫何索求？"可见这传说在骚人时代已从北方传到南方。西王母所住底地方本与昆仑无涉，《庄子·大宗师》记在昆仑底神名堪坏，[①]而西王母所住底是少广。少广，注说"司马云穴名，崔云山

---

① 堪坏：《淮南·齐俗训》作钳且，又作钦负，钦码。参庄逢吉《淮南笺释》卷十一，十一页。

名，或西方空界之名"。《山海经·西山经》说西王母所住底是玉山，玉山在昆仑之西，亦名群玉山。《海内北经》"西王母梯几而戴胜杖。其南有三青鸟，为西王母取食，在昆仑虚北。"《淮南子·地形训》"西王母在流沙之濒"是指西王母石室所在，也与昆仑无关。西王母底原始形状也不是神仙，只是一种山怪。《山海经·西山经》说它底形状如人，豹尾，虎齿，善啸，蓬发，戴胜，居洄水之涯，司天灾及五残。其次，有以西王母为西方底国名底，例如《尔雅·释地》说"觚竹，北户，西王母，日下，谓之西荒。"以西王母为女仙，大概是道教成立以后，魏晋时代。《洞冥记》及《汉武内传》都是魏晋间底作品，故所记西王母与汉武帝底关系都是很晚底话。在魏晋间更以东王公与西王母对待，[①]以他们为男女仙底领袖，如《神异经》及《拾遗记》所记都是当时底道士所造出底。

关于昆仑山，记得最详底或者是《淮南·地形训》，及《山海经·西山经》及《海内西经》。《地形训》说："掘昆仑山虚以下，地中[②]有增城九重，其高万一千里，百十四步二尺六寸。上有木禾，其修五寻：珠树、玉树、琁树、不死树，在其西；沙棠、琅玕，在其东；绛树在其南；碧树、瑶树，在其北。旁有四百四十门，门间四里，里间九纯，纯丈五尺。旁有九井，玉横维其西北之隅。北门开以内不周之风。倾宫、旋室、县圃、凉风、樊桐，在昆仑阊阖之中，是其疏圃。疏圃之池，浸之黄水。黄水三周复其原，是谓丹水，饮之不死。河水出昆仑东北陬，贯渤海入禹所导积石山。

---

① 西王母会东王公见武梁祠石刻。
② 地或作池，前人每以"下地"或"下池"为句，似欠解。

赤水出其东南陬,西南注南海丹泽之东。赤水之东,弱水出自穷石至于合黎,余汲入于流沙;绝流沙,南至于海。洋水出其西北陬,入于南海羽民之南。凡四水者,帝之神泉,以和百药,以润万物。昆仑之丘,或上倍之,是谓凉风之山,登之而不死;或上倍之,是谓县圃,登之乃灵,能使风雨;或上倍之,乃维上天,登之乃神,是谓太帝之居。"

《山海经》所记底与上头所引差不多,不必尽录。此地说掘昆仑虚以下,地中有增城九重,再高起来。对于九重城底高,《楚辞·天问》还未说明,也许是后来底想象。山上有木禾,围着种种宝树,还有四百四十道门。木禾旁边有九口井,西北角悬着受不死药底玉横。玉横或是玉觿。这里可注意底,是不是古代传说里,人死后所到底九泉便是这九口井或井外底九条泉水?九泉是否生命泉也有研究底价值。九泉在甚么地方,历来没人说过,但知其中或者有一条名为黄泉。依《庄子·秋水》"彼方跐黄泉而登大皇"底意义看来,黄泉是一个登天底阶级。前面说掘昆仑虚以下,得着这样底高丘,上头有九口井,还有黄水、丹水。《左传》隐公元年颖考叔教郑庄公掘地为黄泉以会母,也暗示这泉是在地中。或是从地中底水源流出,而诸水底总源是黄泉也不可知。《海内西经》未记黄水,只出赤水,河水,洋水,黑水,弱水,青水底名;《西山经》以四水注入四水,说河水注于无达,赤水注于氾天,洋水注于丑涂,黑水注于大杅。如将《西山经》底八水加入总源黄水,那便成为九泉了。黄水三周复其原为丹水,是黄水与丹水无别,具要掘地然后能见,其余八水之源或者也在地下。自然,所谓地下也是象征底,因为是从昆仑上掘下去,虽名为下，实在是上。扁鹊受长桑君底药，和以上池底水，上池是否即是黄水？黄水既又名丹水，后来道士底不死药名为"丹"，是否也从丹水而来？都是疑问。大概人死，精灵必到这泉或九泉住，到神仙思想发达，便从鬼乡变为仙乡，或帝乡，以致后人把在昆仑底九井黄泉忘掉。中国古传黄帝之胄来自昆仑，人死每想是归到祖先底住处，所以鬼归于黄泉，也许是这信仰底暗示。自九泉变为仙乡，于是为死灵再找一个阴间在北方，后来又从北方东移到泰山，又西移到酆都去。黄帝同昆仑底关系，也见于《庄子·天地》。

又，《海外南经》也有昆仑虚底名，毕沅说："此东海方丈山也。《尔雅》云：三成为昆仑丘，是昆仑者，高山皆得名之。此在东南方，当即方丈山也。《水经注》云：东海方丈亦有昆仑之称。"是昆仑不止一处，凡高到三成底都可以用这名称。

二大壑五山　这是最详备底海岛说。五神山亦作三神山，因为有二山已流失了。《汤问篇》记：

> 勃海之东不知几亿万里，有大壑焉，实为无底之谷。其下无底，名曰归墟，八弦九野之水，天汉之流，莫不注之，而无增无减焉。其中有五山焉：一曰岱舆，二曰员峤，三曰方壶，四曰瀛洲，五曰蓬莱，其山高下周旋三万里，其顶平处九千里。山之中间，相去七万里，以为邻居焉。其上台观皆金玉。其上禽兽皆纯缟。珠玕之树皆丛生，华实皆有滋味，食之皆不老不死。所居之人皆有仙圣之种。一日一夕，飞相往来者，不可数焉。而五山之根，无所连著，常随波上下往

还，不得暂峙焉。仙圣毒之，诉之于帝。帝恐流于西极，失群圣之居，乃命禺疆使巨鳌十五，举首而戴之，迭为三番，六万岁一交焉。五山始峙而不动。而龙伯之国有大人举足不盈数步而暨五山之所，一钓而连六鳌，合负而趣归其国，灼其骨以数焉。于是岱舆、员峤二山流于北极，沉于大海。仙圣之播迁者巨亿计。帝凭怒，侵灭龙伯之国使阨，侵小龙伯之民使短，至伏羲神农时，其国人犹数十丈。

海上三神山在驺衍时已经流行，想是神山最古底说法，到后来才加上二山为五神山。鳌负五山也是从古代传说而来。《楚辞·天问》"鳌戴山抃，何以安之？"可见战国末年对于海洋底知识渐广，而未明深海忽现高山底理，以为底下必有巨鳌负着，或则随波上下，不能停住。印度古代底地理见解也是如此，以为地下也有大鳌负着。关于二神山流失底话，想是后起底。终北国中底壶领，或是员峤流到北极底变形故事。对于神山底信仰另一个说法是当时误以蜃楼现象为实在，如说望之如云，到时却在水中，一切底颜色都是白底，都是属于蜃楼底记事。自魏晋以后，神山底名目越多，例如王嘉《拾遗记》有昆仑、岱舆、昆吾、洞庭、蓬莱、方丈、瀛洲、员峤八山。《拾遗记》又有三壶底名目。三壶即海上三神山，方丈为方壶，蓬莱为蓬壶，瀛洲为瀛壶。秦汉人主所求底是海上这三座山。为他们做这种事情底都是方士。方士是明方技底人，《汉书·艺文志》说成帝（西纪元前三三年至七年）时辑天下遗书，命"侍医李柱国校方技"，注说是"医药之书"。《史记·扁鹊传》说扁鹊姓秦，名越人，少时为他人守客舍底舍长,遇长桑君。长桑君出怀中药赠与他,命他以上池水和药饮下,三十日当见功效。又把所有禁方书都给扁鹊,忽然不见。后三十日,扁鹊果能透视隔墙一边底人,看病能尽见五藏症结。长桑君也是神仙方技一流人物。扁鹊死后,元里公乘阳庆,传他底方技。阳庆又传给淳于意。从所传底书名看来,也是根据阴阳五行而立底医术。方技多属医术,而最要的是不死药与长生术。秦始皇时底宋毋忌、正伯乔、克尚、羡门子高、徐福、安期生①等都以方术为当世所重,但他们底方法都没人知道。我们只知道他们或是入海求不死药,或习长生术而已。

汉初神仙出现,最有名的是黄石公。《史记·留侯世家》记张良在下邳桥上遇一衣褐底老父,授以《太公兵法》。临别,老父说:"读此则为王者师矣。后十年兴,十三年,孺子见我济北,谷城山下黄石即我矣。"后十三年张良从高帝至济北,果见谷城山下黄石,便取回去奉祀它。张良死与黄石并葬一冢。张良在汉兴以后也好神仙。《留侯世家》记:"留侯性多病,即道引不食谷,杜门不出。"他所知底四皓——东园公、绮里季、夏黄公、甪里先生——或者也是道引辟谷底道友。《世家》说留侯学辟谷道引轻身之术,欲从赤松子游,高帝崩,吕后强命他食,说:"人生一世间,如白驹过隙,何至自苦如此乎?"留侯乃强食,后八年卒。《巢县志》载去县治三十里,湖南有山名白云,上有子房祠,相传子房

---

① 《太平广记》说徐福,字君房。秦始皇时有乌衔草覆死人面,皆登时活,有司奏闻始皇。始皇命赍草以问北郭鬼谷先生。鬼谷云是东海中祖洲上不死之草,生琼田中,一名养神芝,其药似菰,生不丛。一株可活千人。始皇于是遣徐福及童男女各三千人乘楼船入海寻祖洲。安期生底名字见于《史记·封禅书》。李少君对汉武帝说在海上曾见过他。

辟谷，来隐于此。祠前有白云庵、地藏殿，远方朝山者甚众。这关于留侯辟谷底处所，恐怕是后人所附会，因为《世家》没说他到什么地方，并记他死去。《史记正义》说："汉张良墓在徐州沛县东六十五里，与留城相近也。"

秦汉仙人传授弟子底事很多，如上述长桑君、黄石公之外，还有河上丈人。《史记·乐毅传·太史公赞》说："乐臣公学黄帝老子，其本师号曰河上丈人，不知其所出。河上丈人教安期生。安期生教毛翕公。毛翕公教乐瑕公。乐瑕公教乐臣公。乐臣公教盖公。盖公教于齐高密、胶西，为曹相国师。"这河上丈人或者便是河上公。《神仙传》说河上公当汉文帝时，于河滨结草为庵。帝读《老子》有所不解，以时人皆称河上公解《老子》义旨，乃遣使去问他。他以道尊德贵，不可遥问，文帝亲自到庵去请教。文帝问他分属人臣为何自高？公于是跃身入空中，距地数丈，说："余上不至天，中不累人，下不居地，何臣民之有？"文帝佩服他，从他受《素书》二卷。他对文帝说："熟研之，此经所疑皆了，不事多言也。余注此经以来一千七百余年，凡传三人，连子四矣。勿以示非其人。"说完，忽然不见。这段故事当是后人底创作。乐臣公与黄老底本师河上丈人将所学传授许多人，好像是河上公传《老子》注底本型。

汉代人主求仙最切底是武帝。《封禅书》说，当时有李少君、谬忌、栾大诸人为武帝所信任。李少君以祠灶、谷道、却老方见武帝。他原是深泽侯舍人，为侯主方药。自把生时和产地匿起来，遍游各处，人以他能使物却老，争以金钱赠与他。他对武帝说："祠灶则致物。致物则丹砂可化为黄金。黄金成以为饮食器则益寿。益寿而海中蓬莱仙者乃可见。见之以封禅则不死，黄帝是也。臣尝游海上，见安期生。安期生食巨枣，大如瓜。安期生仙者通蓬莱中，合则见人，不合则隐。"武帝听他底话于是亲自祠灶，遣方士入海求蓬莱安期生一流人物。后来少君病死，武帝却以为化去。自此以后，燕齐底方士便都来了。李少君倡炼丹砂为黄金和祠灶，与后来道教底炼丹及民间祭灶有密切关系。而开道教祭坛法底先河底是谬忌。《封禅书》载："亳人谬忌奏祠太一方曰：'天神贵者太一。太一佐曰五帝。古者天子以春秋祭太一南郊，用太牢，七日为坛，开八通之鬼道。'于是天子令太祝立其祠长安东南郊，常奉祠如忌方。"后来又有人上书说："古者天子三年壹用太牢祠神三一：天一，地一，太一。"武帝于是又命太祝依所说底方法祠三一于谬忌所倡底太一坛上。后来又有人上书说："古者天子尝以春解祠：祠黄帝用一枭破镜；冥羊用羊；祠马行用一青牡马；太一，泽山君，地长用牛；武夷君用乾鱼；阴阳使者以一牛。"武帝又依方命祠官祭诸神于太一坛旁边。齐人少翁能以方术致王夫人及灶鬼之貌，武帝拜他为文成将军。文成又说："上即欲与神通，宫室被服非象神，神物不至。"于是画云气车，各以胜日驾车以辟恶鬼。又建甘泉宫，中为台室，画天地太一诸鬼神底像在上面。后来又作柏梁铜柱及承露仙人掌等。武帝把文成将军杀掉，又悔未尽得他底方技，于是栾大便乘机以化金术不死方进见，拜为五利将军。一月之间，大佩天士将军、地士将军、大通将军及五利将军四印，封乐通侯。武帝又赐他天道将军玉印，所谓天道是为天子道天神底意思。又有齐人公孙卿为帝说黄帝得宝鼎事，帝封他为郎，东使候神于太室；又命祠官宽舒等具太一祠坛。太一祠坛仿谬忌法，坛三垓，五帝坛环居其下，各如其方，黄帝西南，除八通鬼道。太一所用底供物与雍一畤相同，而加醴枣脯之类，杀一犛牛以为俎豆牢具。五帝坛只用俎豆酒醴绕坛底四方设诸神及北斗祭座，连续酳醊。祭毕，燎牲物。祭时，太一祝宰衣紫及绣，五帝各如其色，日用赤色，月用白色，皇帝衣黄色。武帝又依宽舒底话建泰畤坛。元鼎四年（武帝即位第二十八年）为伐南越告祷太一，以牡荆画幡，作日月北斗登龙之形，以象太一三星，为太一峰，名曰灵旗。为兵事祈祷，太史便奉旗以指所伐之国。这建坛奉旗底方法与后来道教底祭醮一科很有关系。太一神后来成为元始天尊，仍保留着汉代底祭法。所用供物，也是后来祭醮供品之源。疑为唐末所作底《太上金书玉谍宝章仪》所列祭醮品有饼果、鹿脯、鱼脯、清酒等物，与汉代差不多。武帝为神仙，屡行封禅，因公孙卿言仙人好楼居，乃于长安作蜚廉桂观，甘泉宫作益延寿观、通天台。又有济南人公玉带进明堂图，说是黄帝时底图样。明堂是一殿在中央，四面无壁，以茅为盖，环宫垣为复道，有楼从西南道入，名曰昆仑。帝依带所进图命奉高作朋堂于汶上，亲祠太一、五帝、诸神。因柏梁被烧，公孙卿说："黄帝就青灵台，十二日烧，黄帝乃治明廷。明廷甘泉也。"方士们又说古帝王有都甘泉底。越人勇之又说："越俗有火灾，复起屋必以大，用胜服之。"于是建建章宫，比以前的宫观都大；有太液池，池中有蓬莱，方丈，瀛洲，壶梁，像海中神山，龟鱼之属；有神明台，高五十丈，上有九室，置九天道士百人。武帝所作诸宫观为后来道观底标本。《汉书·地理志》载不其县有太一仙人祠九所及明堂也是武帝所建。

自武帝后至道教时代，道书所记成仙底人物很多，见于史底如车子侯、东方朔、孔安国、周义山（紫阳真人）、王褒（清虚真人）、梅福、刘根、矫慎等是最著的。他们底方法都不详，大抵也是道引辟谷罢。服食丹药也很流行，故《论衡·道虚篇》力说道家服食药物能轻身益气延年度世底虚妄。

第七章　巫觋道与杂术

中国古代神道也是后来道教底重要源头。古人以天和祖先能够给人祸福，而天底观念底发展是从死生底灵而来，故在具有人格方面称为上帝。王者能明白天底意志便可以治天下。《墨子·天志》说："古者圣王明知天鬼之所福而辟天鬼之所憎，以求兴天下之利而除天下之害。"这神教政治底精髓是以天底威灵，寄托于天子，天子殁则为祖先在天之灵，以鉴察人间底行为和降下祸福。在《诗经》里常见祭先祖、先王、田祖、后土、高禖底诗句。无论是崇德报功或祈福禳灾，都以天与祖为崇拜对象。天与祖能保护生人如一家底长老能保护他底子弟一样。一切崇拜都依据这信仰而行，故人死亦可以受其家人及后代底祭祀。祖先与鬼神底界限很不明了，同有保护人和驱除恶灵侵害人间底能力。

甲　尸与巫底关系

祖先底灵与人交通在古代底传说上很多。中国古时，人死未葬，立一个灵魂所寄托底重，既葬以后，立主；未殡向尸体礼拜，葬后于祭时使关系人著死者底衣服以享受祭品，也名为尸。葬后底主等于未葬底重，尸等于未殡底尸体。立尸是中国古礼中特异底事。《诗经·召南·采苹》底"于以奠之，宗室牖下，谁其尸之？有齐季女。"《信南山》底"以为酒食，畀我尸宾，寿考万年。"《楚茨》底"先祖是皇，神保是飨。……苾芬孝祀，神祀饮食，卜尔百福。……礼仪既备，钟鼓既戒，孝孙徂位，工祝致告，神具醉止，皇尸载起，鼓钟送尸，神保聿归"，所说底"尸宾""神保""神""皇尸"等名称都是指着代表死灵底人而言。尸最初是代表死灵，《礼记·郊特牲》说："尸，神像也。"《仪礼·士虞礼》"祝迎尸"注说："尸，主也，孝子之祭不见亲之形象，心无所系，立尸而主意焉。"《朱子语类》卷九十说："古人祭祀无不用尸。杜佑说：'古人用尸者，盖上古朴野之礼，至圣人时尚未改，相承用之，今世不复用。'杜佑说如此。今蛮夷瑶洞中，犹有尸遗意焉。尝见密溪祭祀有中王神者，必以一家之长序轮为之。其人某岁次及，必恭谨畏慎，以副一乡祈向之意。看来古人用尸自有深意，非朴陋也。"又说"古人用尸，本与死者一气，又以生人精神去交感他。那精神来会，便附着歆享。"宋时朱子在福建邵武密溪见过中王神，现在海南岛澄迈宗祠祭祀也有族中老者于祭时站在神主前向族人祝福底风俗，也是尸底遗意。尸本来用于宗庙，后来推到天地山川等等祭祀也用起来。因为天地等祭祀有配享底祖灵，于是立配享者底尸。《左传》昭公七年晋祀夏郊，《晋语》载"平公祀夏郊以董伯为尸。"《虞夏传》"舜入唐郊，以丹朱为尸。"《白虎通》载"周公郊，以太公为尸；祭泰山，以召公为尸。"都是非庙祭所立底尸。

从代表祖先底尸，渐次演进为专门事神及传达神意底巫。最初底巫恐怕有一部分是从尸流衍而来。巫在原始时恐怕都是女子，她能以歌舞降神，预言吉凶。春秋战国时代，人君信任巫觋底事很常见。楚国底巫风最著，在《楚辞·九歌》中如《东皇太一》、《少司命》、《东君》等篇所记底灵保与巫底服饰与行动都可以想象年当二八底处女著美丽底衣服，执薰香底草，舞和鸣底鸾刀，歌婉啭底音声，起婆娑底舞。从《诗·陈风·宛丘》也可以想象当时底舞风。"恒舞"与"酣歌"是巫风，因为歌舞是降神术底一种。《说文》："巫，祝也。女能事无形，以舞降神者也。像人两褒舞形。与工同意。"巫也名工，故巫祝又称工祝。大抵初时以女人为多，男子较少。《礼记·檀弓下》载穆公因天旱欲暴巫，县子说："天则不雨，而望之愚妇人！"《史记·西门豹传》也说巫为老女子。《汉书·地理志》说，"齐襄公令国中民家长女不得嫁，名曰巫儿，为家主祀。"可见巫多是女子。

乙 巫底职能

祭祀底种类繁复，专掌祭祀底官便产生出来。从什么时候才把尸（或灵保）与巫祝分开不得而知。《汉书·郊祀志》及《国语·楚语》都记巫底起源。《楚语》记古代巫祝宗底职务底演进说："古者民神不杂，畏之精爽不惽贰者，而又能齐肃衷正，其知能上下比义，其圣能光远宣朗，其明能光照之，其聪能听彻之，如是则明神降之，在男曰觋，在女曰巫。是使制神之处位次主，而为之牲器时服，而后使先圣之后之有光烈，而能知山川之号，高祖之主，宗庙之事，昭穆之世，齐敬之勤，礼节之宜，威仪之则，容貌之崇，忠信之质，禋洁之服而敬恭明神者，以为之祝。使名姓之后，能知四时之生，牺牲之物，玉帛之数，采服之仪，彝器之量，次主之度，屏摄之位，坛场之所，上下之神，氏姓之出，而心率旧典者为之宗。于是乎有天地神民类物之官，谓之五官，各司其序，不相乱也。民是以能有忠信，神是以能有明德。民神异业，敬而不渎，故神降之嘉生。民以物享，祸灾不至，求用不匮。及少皞之衰也。九黎乱德，民神杂糅，不可方物；夫人作享，家为巫史，无有要质；民匮于祀，而不知其福；烝享无度，民神同位；民渎齐盟，无有严威；神狎民则，不蠲其为；嘉生不降，无物以享；祸灾荐臻，莫尽其气。乃命南正重司天以属神，命火正黎司地以属民，使复旧常，无相浸渎，是谓绝地通天。"这里把巫祝宗三种人分开，说明他们底职业，后来因为民神杂糅，人人享祀，家家自为巫史，不诚不洁，于是困于祭祀而不获得福报，于是立南正底官来统理神事。在原始时代，巫底身分最高，进而为祝，为宗，再进而为南正，为宗伯。古时没有典祭祀底官，只有巫官，一切祭祀祝赞征兆底事都由他管理。《史记·封禅书》载殷太戊时有巫咸，《尚书·咸乂序》说："伊陟相大戊，亳有祥桑谷共生于朝，伊陟赞于巫咸，作《咸乂》四篇。"《古文尚书》大戊之臣巫咸，《今文》作巫戊。《白虎通·姓名》说殷以生日名子，如太甲、武丁是，于臣民而得如此，如殷臣有巫咸、祖己是。"咸"并非干支，当是"戊"底误写。巫戊是现在所知最古底巫官底名。

巫底职能很多，都依祈禳禁咒方药来行事，大体说来，约有六件。

一、降神　神附在巫底身体上，如今南中国底跳神师公，跳神师婆，童子，和北亚洲底跳神师（Shaman）一样，即《楚语》所谓"明神降之"底意思。僖公十年《左传》记太子申生附于新城之巫，是降神底事例。《周礼·春官》司巫底职掌也主降巫之礼。

二、解梦　梦是古人用于预兆底一种，是神表示意思于人底一个方法，必要巫底聪明才能了解。成公十年《左传》晋侯梦大厉，召桑田巫来解释；襄公十八年《左传》齐侯梦与厉公讼，召梗阳之巫来问话，都是以巫解梦底例。梦与魂魄底游行有关，故《楚招》《辞魂》以招魂为掌梦之官所主。掌梦也是巫官底一种。

三、预言　这是巫光远宣朗，上下比义底能力。如《左传》文公十年楚底范巫矞似预言成王子玉、子西底命运；成十年，晋桑田巫预告晋侯不得食新麦；襄十八年，巫皋预告中行献子底命终，都是事例。巫多兼占卜，故能说预言。《周礼》春官大宗伯，篾人在九筮说，"一曰巫更，二曰巫咸，三曰巫式，四曰巫目，五曰巫易，六曰巫比，七曰巫祠，八曰巫参，九曰巫环，以辨吉凶。"宋刘敞《七经小传》解这段说："此乃前世通于占者九人，其遗法存于书，可传者也。古者占筮之工，通谓之巫，更、咸、式、目，等其名也。巫咸见于他书者多矣。易疑为豦，豦古阳字，所谓巫阳也。其他则未闻，虽未闻，不害其有也。"《荀子·王制》说"相阴阳，占祲兆，钻龟陈卦，主禳择五卜，知其吉凶妖祥，伛巫跛击之事也。"杨倞注"击读为觋，男巫也。古者以废疾之人主卜筮巫祝之事，故曰伛巫跛击。"到阴阳五行说出世，巫史便采五行说来说预言，如《史记·封禅书》说秦献公"西纪前三七〇年"时周太史儋所说底是很明白底例。

四、祈雨　古时常以女巫祈雨。《周礼》女巫"暵则舞雩"，舞师"教皇舞，帅而舞旱暵之事"。古时祈雨必舞雩，《论衡·明雩》说鲁礼于暮春令乐人涉沂水以象龙从水中出，歌舞雩底歌，咏而行馈祭，所以《论语》说："浴乎沂，风乎舞雩，咏而归。"归作馈祭解。祈雨不应，甚至把巫焚烧，或曝于日中。《左传》僖公二十一年公因大旱欲焚巫尪，臧文仲以为无益。县子劝穆公底话也是一样底意思。

五、医病　与巫最有关系底是医术。《吕氏春秋·审分览·勿躬》说巫彭作醫，巫咸作筮。《山海经·海外西经》说："巫咸国在女丑北，右手操青蛇，左手操赤蛇，在登葆山，群巫所从上下也。"又《海内西经》记"开明东有巫彭、巫抵、巫阳、巫履、巫凡、巫相，夹窫窳之尸，皆操不死之药以距之。窫窳者蛇身人面，贰负臣所杀也。"巫夹死者底尸，暗示与神保底关系。《大荒西经》又记"大荒之中有山名曰丰沮玉门，日月所入，有灵山，巫咸、巫即、巫盼、巫彭、巫姑、巫真、巫礼、巫抵、巫谢、巫罗，十巫从此升降，百药爰在。"巫咸即巫戊。巫盼即巫凡，及《水经》涑水注底巫盼。巫真巫礼，《水经注》作巫贞，巫孔。《海内西经》底巫履与巫礼或是一人。巫相疑即巫谢。以上除巫咸外，都是郝懿行底见解。《山海经》里凡记群巫升降上下从来底山都是出药底地方。

初民以疾病为鬼附体内，故用巫术祛除它。例如《左传》成公十年，晋侯梦二竖子，自说居肓之上膏之下，虽医缓来也没能为。又昭公元年传说郑子产聘于晋，值晋侯病，叔向向子产说卜人以为实沈台骀作祟。又，昭公七年《传》，韩宣子问子产晋侯所做黄熊入寝室底梦是什么厉鬼。这都是以疾病为厉鬼附身,须借巫祝底力量去祛除它。《左传》所记诸病多与鬼物有关。这书于汉哀帝时代渐次流行,可以推想秦汉间人对于鬼与病底关系底信仰。古时底巫便是医,便是祝,故称巫医,和巫祝。《汲冢周书王会解》说:"为诸侯之有疾病者,阼阶之南,祝淮氏荣氏次之皆西南;弥宗旁之,为诸侯有疾病者之医药所居。"是天子临朝,有淮氏荣氏之祝为诸侯治疾病,有弥宗为有疾病底诸侯底医药处。医也称巫,如《周礼》夏官大司马之属瞽马者为巫马。巫马职说,"掌养疾马而乘治之。相医而药攻马疾。"《管子·经言》《权修篇》,《吕氏春秋·季春纪·尽数篇》,《论语·子路》,都有"巫医"底名辞。巫医底名称在后汉时还用,《后汉书·方术传》(卷一一二上)及《郭镇传》(卷七六)里都见。现在乡间底祝由科也是古巫医底一种。巫与医分业不知从什么时候起,《左传》成公二年与昭公元年底医缓与医和都是巫兼医者。《史记·扁鹊传》记扁鹊说病有六不治,其六是"信巫不信医"。从这话看来六国之初,巫与医已不尽合一了。

六、星占　周秦时代星占术很盛行,当时学者也以明天道为尚,直到汉代风气仍然不改。《汉书·艺文志》所录阴阳、天文、历谱诸家底书都与星占有关。《志》记阴阳家说:"盖出于羲和之官,敬顺昊天,历象日月星辰,敬授民时,此其所长也。及拘者为之,则牵于禁忌;泥于小数,舍人事而任鬼神。"记天文家说:"天文者,序二十八宿,步五星日月,以纪吉凶之象,圣王所以参政也。"记历谱家说:"历谱者,序四时之位,正分至之节,会日月五星之辰,以考寒暑杀生之实。故圣王必正历数以定三统服色之制，又以探知五星日月之会，凶厄之患，吉隆之喜，其术皆出焉。此圣人知命之术也。"此外杂占中有《禳祀天文》十八卷，《泰壹杂子候岁》二十二卷，《子赣杂子候岁》二十六卷，或者都与星占有关。《史记·天官书》，太史公说："昔之传天数者：高辛之前重黎；于唐虞羲和；有夏，昆吾；殷商，巫咸；周室，史佚，苌弘；于宋，子韦；郑则裨灶；在齐，甘公；楚，唐昧；赵，尹皋；魏，石申。"《后汉书》以下底《天文志》都本《史记》底记载。《后汉书》加入鲁底梓慎。《晋书》加入卜偃。这等人仰占俯视以佐时政，凡祸福之源，成败之势，都能预知。《晋书·天文志》说"其巫咸、甘、石之说，后代所宗。"或者《开元占经》便是这三家底遗说。据《晋书》，武帝时，太史令陈卓(《隋书》作三国时吴太史令)总甘、石、巫咸三家所著星图。《隋书》始立甘氏、石氏、巫咸三家星官，著于图录。《史记·天官书》所说底有些或者出于石氏，而《汉书·天文志》则采甘石二氏之说。巫咸或是假托底说法。《汉书·艺文志》杂占中有《甘德长柳占梦》二十卷，可知甘公兼能占梦。《左传》昭公二十八年，记鲁底梓慎，郑底裨灶，能推天文，判吉凶，其地位与两国底大夫相等。此外，子韦为宋景公底史，苌弘为周史，故知巫与史底职分最初也没有分别。史底资格最初是占星家。《周礼》大宗伯之属有大史、小史、内史、外史，其掌职之一为治历。春秋时代天子诸侯之臣掌天文底有日官或日御底名称。日官、日御便是太史。史官所掌底事，兼知礼仪底等次及吉凶底兆头。《左传》闵公二年狄擒卫太史华龙滑、礼孔，二人请释归告神；庄公三十二年，有神降于莘，惠王问内史什么原故；僖公十六年，宋陨石，六鹢退飞过宋都，襄公去请问周内史叔。这都是史还没完全从巫底职业分化出来，所以祝、卜、筮、巫，都可以附上"史"字如祝史、祭史（昭十七年）、筮史（僖二十八年）、巫史（《礼运》）等。

巫底职能分化越多，渐次分为专掌典礼底祝。祝主知神明底位次，牺牲器服底数目，颂祷之辞，祝诅之文。《周礼·大祝》"掌六祝之辞，以事鬼神示祈祷福祥求永贞。"《左传》桓公六年，记随季梁谏随侯底话，"祝史正辞，信也，今民馁而君逞欲，祝史矫举以祭，臣知其不可也。"因为祝所作底辞文饰君德，不恤民馁，是欺骗鬼神，故不可行。《左传》昭公二十年，齐侯有疾，齐嬖臣劝侯诛史嚣祝固之罪，因为他们事神不诚。春秋，列国会盟，君臣相约，都要质于神明，这事是祝所掌。祝因为主撰祝辞，知祭祀底礼节，故又称祝史。列国史官都与祭祀有关。巫与祝底分别在前者为宗教底，后者为典礼底。祝是奉祭祀、作祷词底官吏，巫只能降神，预言吉凶，为个人底事业。祝有专知一代之礼底，如夏祝、商祝是。殷以前，巫为大臣，后世文明日进，遂出典礼底祝，巫遂失掉政治地位，只为民间所信仰，故各巫多以所住之地被知，如范邑之巫，桑田之巫，梗阳巫等是。巫死后，每被尊为神，人向他们求福。《左传》隐公十一年，记隐公为公子时被郑人囚于尹氏，遂赂尹氏而祷于其主钟巫。秦惠文王与楚构兵，诅楚败北，在《诅楚文》中所祷底神有一位是巫咸。这二人都是已死底巫。古中国于巫底信仰极深，名巫死后，仍被崇拜为神，如福建之天后、广东底金花娘娘等，是最著底。

宗是巫最高底地位。古时巫介在人神之间，通上下之意，后来分为巫与祝，由祝进而为宗。宗是《周礼》六官之一。周时祝宗底地位比巫高。巫只有巫官之长、司巫二人，资格为中士，其外巫师四人，也是中士。司巫以下底男女巫很多，都没爵位，只听命于司巫，以行法术。祝就有大祝小祝。大祝有下大夫二人，上士四人辅助他。小祝有中士八人，下士十六人辅助他。王后世子底大丧，有丧祝，上士二人，中士四人，下士八人。讲武治兵与兵祭时底甸祝有下士二人。会盟时告神明底诅祝有下士二人。看来祝底资格为下大夫及上士，而巫不过中士，宗底领袖是大宗伯了。

丙　秦汉底巫祠

巫虽分为祝与宗，地位卑下，而民间对于他底信仰仍不少减。秦汉神祠还有置祝官女巫底。《史记·封禅书》记汉高祖于长安置祠祝官女巫，说：

梁巫　祀天地、天社、天水、房中、堂上之属。（天社、天水、房中、堂上，疑为星名。）

晋巫　祀五帝、东君（日）、云中（云）、司命（文昌四星）、巫社、巫族人、先炊之属。

秦巫　祀社主、巫保、族累之属。（巫保、族累或是古巫底名字。）

荆巫　祀堂下、巫先、司命、施糜之属。

九天巫　祀中央钧天、东方苍天、东北旻天、北方元天、西北幽天、西方皓天、西南朱天、南方炎天、东南阳天，即所谓九天。

河巫　祀河。

南山巫　祀南山、秦中。

以上梁巫、晋巫、秦巫、荆巫、九天巫皆以岁时祀于宫中。河巫祀河于临晋。这些巫祠，是后来道教崇拜底根源。道教底天地水三官，司命、灶君、九天等，都是沿用汉初底名称。秦中是秦二世皇帝。《集解》说："张晏曰，子产云，匹夫匹妇强死者，魂魄能依人为厉。"因为二世皇帝死于非命，怕他底鬼魂为厉所以祭他。这思想是从古巫术而来，与《山海经·海内西经》所记群巫来贰负所杀底"窫窳之尸"底意思差不多。依《礼记·祭法》死者被祀应有五件事之一才可以。五件事是：法施于民，以死勤事，以劳定国，能御大菑，能捍大患。古缅甸人建城必于城门活埋男女若干人，以为死者底灵可以守护国门，震慑敌人。中国底武神，如秦汉祀蚩尤，六朝祀项羽、刘章，宋以后祀关羽，今加祀岳飞，从原始底思想看来，多半也是因为他们都是死于非命，不必是因为他们底功劳，不然祀班超、马援，当比关、岳强得多。厉鬼底威灵越古越小，所以秦汉祀古人，六朝祀汉人，宋明清祀三国人，今祀宋人。

丁　杂术

事鬼神是巫觋底事，其目的在纳福祛祸，消灾去难，禁厌及医术因此也为巫底一种事业。禁厌与医术是消除灾难底一种方法。《洪范》以寿，富，康宁，攸好德，考终命为五福，以凶短折，疾，忧，贫，恶，弱为六极。五福之首为长寿，六极大半是疾病。这样表露着要求长生和趋避短折底心情。故中国人底生活目的只是"长命富贵"四字。《洪范》底年代约在战国末，可以说这民族底代表思想是从那时形成，后来道教徒取为人生底惟一希望，以致达到不可收拾底地步，人只求长命富贵而不问达到底手段与意义。《洪范》这书，与其说是儒家底，不如说是道家和神仙家底著作。道教信仰底最初步便是从长生去病底要求发展而来。长生去病底积极方法便是养生摄生。道教底摄生理想是人身能够入水不溺，入火不焚，兵刀不能伤，时令不能害。要长生先得身体康健，康健底人，疾病鬼物邪气，都不附体。身体底大敌最近底是疾病，所以修道底人应当深明医术。《抱朴子·杂应》（第十五）说："是以古之初为道者，莫不兼修医术，以救近祸焉。"这显示初学道底必须先明医术。医治疾病不单靠药物，有时由于鬼物作祟，故亦须兼明咒术。中国古医书中底《素问》与《灵枢》（《汉书》底《黄帝内经》）无论是冠以黄帝底名或依托道家，都可以看出医术与道家底关系。《史记·封禅书》记武帝时底方士李少君曾为深泽侯舍人主方药，明当时方士也能医。

禁厌符咒不知始于何时，多半是由南方底巫传来。《封禅书》说越国巫道多用禁咒禳鬼。《后汉书》（卷百十二下）《徐登传》说赵炳"能为越方"，章怀太子引《抱朴子》注说："道士赵炳以气禁人，人不能起；禁虎，虎伏地，低头闭目，便可执缚。以大钉钉柱入尺许，以气吹之，钉即跃出，射去，如弩箭之发。"又引《异苑》说："赵侯以盆盛水，吹气作禁，鱼龙立见。"看来越方是一种咒术，能使事物现超自然底现象。《徐登传》说赵炳以东流水为酌，以桑皮为脯，升茅屋支鼎而爨，最要底是以禁架法疗疾。咒与祝同源。《说文》解祝为祭主赞司言者，是用语言与神明交通底意思。相传武王克殷二年而疾作，周公乃告于大王王季、文王之灵，愿以身代。当时把祝文读完便藏于金縢之匮，翌日武王忽然病愈。那祝词便是现在《尚书》底《金縢》。从"惟尔元孙某"至"尔不许我，我乃秉璧与珪"，是祝词本文。祝词之首有"史乃册祝曰"，是祝为史所作可知。又《洛诰》"王命作册，逸祝册"，逸即史佚。祝词本为祝所读，今二书皆为史所读是祝史通职底原故。《左传》哀公二年蒯瞆入卫都，祷于其祖先之灵，结尾有"大命不敢请，佩玉不敢受"，也是祝词。《周礼》大祝掌六辞：祠、命、诰、会、祷、诔，后来具有这些能力底就不定是祝，士大夫底九能，也是从祝宗底职能而来。《楚辞·九歌》为屈原改作原来底巫词。祭祀底祝辞，后来便成为民间底咒文。在印度咒术未入中国以前，中国已有咒文。《后汉书·解奴辜传》说："河南有曲圣卿，善为丹书符劾，厌杀鬼神，而使命之。初章帝时，有寿光侯者，能劾百鬼众魅。"文字能够治邪，圣言可以辟鬼底观念很古，《淮南子》记苍颉作书而鬼夜哭，便是根据这观念底传说。又《后汉书·费长房传》记长房从仙人受仙法，归时又作为一符曰："以此主地上鬼神。"也是一种护符。总而言之，从巫术分出来底禁架法随着巫道盛行于各处，吴越荆楚最盛行，故可以说咒术起于南方。后来在蜀鸣鹤山所起底天师道，以符水治病，都从南方底巫术发展而来。《抱朴子·至理》第五也说："吴越有禁咒之法,其有明效。"也可以证明南方禁咒底盛行。《抱朴子》与《汉书》中"禁咒"二字常见,至于符、厌胜等事,或者在后汉时代才有。

除掉符书以外,水与镜是禁架法最常用底东西。水能洁净器物,也能驱除邪气恶疾。许多地方都有圣泉圣井,有些是治病,有些是赐福底。印度底恒河是最著名底圣河。在中国凡东流水,井心泉都有治病功能。这种圣泉随时随地都可以创造,如北平玉泉山底泉水是近几年新被信仰底水。古人底修禊也是以水有治病祛邪底功能。古人对于透明或能反射底物质都以为具有神秘能力,最普遍底是镜子。《抱朴子·登涉》(十七)说:"万物之老者,其精悉能假托人形,以眩惑人心,而常试人,惟不能于镜中易其真形耳。是以古之入山道士,皆以明镜九寸以上悬于背后。则老魅不敢近人。或有来试人者,则当顾视镜中,其是仙人及山中好神者,顾镜中故如人形,若是鸟兽邪魅,则其形貌皆见镜中矣。"用镜照妖在中国到处都可见到,抱朴子说古人这样做,想在秦汉二代已是如此。秦汉镜子现存很多,每有镂吉利语和辟邪词底,想见当时以镜为有神秘能力底信仰。

以桃枝或画虎形治鬼也是古代底巫术。《礼记·檀弓》说:"君临臣丧,以巫祝桃茢执戈,恶之也。"《左传》襄公二十九年所记是用桃茢底事例。《艺文类聚》(八六,果部)引《庄子》佚文"插桃枝于户,连灰其下,童子入不畏,而鬼畏之"。《淮南·诠言训》"羿死桃棓"注说"棓大杖,以桃木为之,以击杀羿,由是以来,鬼畏桃也。"《荆楚岁时记》引《风俗通》说："《黄帝书》,上古时有神荼郁垒,二人性能度鬼。度索山上有桃,树下简阅百鬼无道理妄为人祸害者,缚以苇索,执以饲虎。"桃是生命底象征,所以有杀鬼底能力。现在道士还有用桃剑驱鬼底。南方人家每贴虎形于门楣上,是像度索山上食鬼底虎。玄坛紫微,都骑着虎,所以也能辟鬼。

　　古代所行底傩也是驱鬼逐疫底巫术。季春,仲秋,季冬都有傩。季春是有国者傩,仲秋为天子傩,季冬有司大傩,及于庶人。《乡党》底傩和《郊特牲》底祃,都是庶人底傩。《周礼·春官》占梦,"季冬,遂令始难,殴疫。"注说令方相氏执兵器以驱疫疠。所谓"始",是说在上行完傩,诸侯万民始能举行。巫也参与傩事,男巫职说:"冬,堂赠,无方,无算。"郑玄以为是于礼毕送不祥及噩梦底礼。杜子春说:"堂赠,谓逐疫也。无方,四方为可也。无算,道里无数,远益善也。"《月令》所载季春命国傩,九门杰攘,以毕春气;仲秋,天子乃傩,以达秋气;季冬命有司大傩,旁磔,出土牛,以送寒气;方慤说夏阳气盛,阴慝不能作,故无须傩。如《搜神记》所说,颛顼有三子,死而为瘟鬼:一居江水为瘟鬼,一居若水为魍魉鬼,一居人宫室,善惊人小儿,为小鬼。于是正岁命方相氏傩以驱逐它们。方相氏底形状见于《周礼·夏官》,当傩时,狂夫四人,蒙熊皮,黄金色,四目,玄衣朱裳,执戈扬盾,表示他底威猛。汉朝仍沿用古傩礼,在《后汉书·礼仪志》里说:

　　先腊一日,大傩,谓之逐疫。其仪选中黄门子弟年十岁以上，十二岁以下百二十人为伥子，皆赤帻皂制，执大鼗。方相氏黄金四目，蒙熊皮，玄衣朱裳，执戈扬盾。十二兽有衣毛角，中黄门行之，冗从仆射将之，以逐恶鬼于禁中。夜漏上水，朝臣会侍中尚书，御史，诸者虎贲羽林郎将，执事皆赤帻，陛卫乘舆御前殿。黄门令奏曰："伥子备，请逐疫。"于是中黄门倡，伥子和曰："甲作食歹凶，胇胃食虎，雄伯食魅，腾简食不祥，揽诸食咎，伯奇食梦，张梁祖明共食磔死，寄生，委随食观，错断食巨，穷奇腾根共食蛊。凡十二神追恶凶，赫女驱，拉女干节，解女肉，抽女肺肠，女不急去，后者为粮。"因作方相与十二兽儛，欢呼周遍，前后省三过，持炬火送疫出端门。门外驺骑传炬出宫，司马阙门。门外五营骑士传火弃雒水中。百官官府各以木面兽能为傩人师讫，设桃梗，郁儡，苇茭，毕，执事陛者皆罢。苇戟，桃枝，以赐公卿，将军，特侯云。

古代的傩为今日乡间道士驱鬼底前影，不过人数与装束不同而已。西藏、蒙古底跳鬼或打鬼，相传是纪念西藏古时佛徒刺一个毁法底王底庆典，但也与傩底意味差不多，大概也是从古巫术流衍下来底。

傩以外还有厌胜底方术。《封禅书》所记周灵王时，苌弘劝方怪之说，依物怪以降诸侯，与汉武帝时，巫蛊厌胜底方术相似。书中又说秦德公"作伏祠，磔狗于邑之四门，以御蛊菑"。秦汉人主求神仙，一方面就得被除邪恶，故所立底祠都与厌胜有关。如五帝之祀起于五行说流行以后，秦哀公祠白帝，汉高祖加祠黑帝，以后增为五方，在武帝时，淮南子已想象五方帝底人格。今将《天文训》所述五方之神表列于下。

方	东	南	中	西	北
行	木	火	土	金	水
帝	太皞	炎帝	黄帝	少皞	颛顼
佐	勾芒	朱明	后土	蓐收	元冥
治	执规治春	执衡治夏	执绳治四方	执矩治秋	执权治冬

此中勾芒后土为最有名底神。勾芒底信仰很古，《墨子·明鬼》已记其显灵之处。后土底崇拜到现在还不衰。汉时五方五行底观念很强，故日也有吉凶。占日底人为日者。如武帝时底少翁"以胜日驾车辟恶鬼"，《索隐》说："木青色，故以甲乙日画青车驾之。火赤色，故以丙丁日画赤车驾之。"就是应用五行说于历日相克底方术。后世盛行底吉凶日及厌胜术都从这时产出。由年月日时之吉凶推到人生底本命。《晋书·戴洋传》有"君侯之本命在申"及"使君今年四十七，行年入庚寅，故有大厄"底文句。这本命论恐怕起于三国时代。

秦汉所封有八神：天主、地主、兵主、阴主、阳主、月主、日主、四时主。除天主及兵主外，都是山东底山。天主祠天齐。天齐是天底腹脐。兵主祠蚩尤。地主祠泰山，自汉以后，此山便成为司人魂魄底神，现在所谓东岳大帝或泰山府君底便是。东岳也是道教主要底神。

最后，道家底方术中，还有所谓房中术底。这术也起于汉代。《汉书·艺文志》房中家有《容成阴道》二十六卷，八家共百八十六卷。这术本近于医家，因为道家主张摄生，遂以男女之事为可以调节精气，使人不老。《后汉书·甘始传》说，"甘始、东郭延年、封君达，三人者皆方士也。率能行容成御妇人术，或饮小便，或自倒悬，爱啬精气，不极视大言。"《王真传》也说王真、郝孟节皆容貌似未至五十，"不绝房室"。《琅琊代醉篇》说东方朔得此术以传一女子，至元延年中，百二三十岁，貌如童女。又霍去病时，有神君女子以太一之精补气，出于《汉武内传》。《内传》为道教徒所伪托，或是六朝之作品。《抱朴子·释滞》(卷八)"说房中之事近有百余事"，可见当时人对于采补底迷信程度。《后汉书·冷寿光传》注引刘向底《列仙传》里说："容成公者，能善补导之事，取精于玄牝，其要谷神不死，守生养气者也。发白复黑，齿落复生。御妇人之术，谓握固不泻，还精补脑也。"可知在西汉时代已有用《老子》文句来解房中底。《老子》底玄牝、谷神，很易被用为房中底名辞。

巫觋道与方术预备了道教底实行方面，老庄哲学预备了道教底思想根据。到三张、二葛出世，道教便建立成为具体底宗教。

道家思想与道教

绪　　论

儒道两家的思想可以说是整个中国思想的两方面。儒家注重实际的生活，而道家则重玄想，这是人人都知道的。从我国人日常生活的习惯和宗教的信仰看来，道的成分比儒的多。我们简直可以说支配中国一般人的理想与生活的乃是道教的思想；儒不过是占伦理的一小部分而已。

道家思想是与汉族文化同时产生的。史称少昊之衰，九黎乱德，天下相惑以怪，家为巫史，民渎于祀，帝颛顼乃命重为南正，司天以属神；命黎为北正，司地以属民；因此，巫史的职守就有了专责。南正所司的事体是关于天志的，是巫祝或道家思想所从出。北正所司的是关于天人感应的事实，为巫史或儒家思想的根据。我们要明白道教，不得不先知道巫祝。哲学思想的起源可以说都是巫祝们玄想或妄解的结果。因为他们的责任就是要将玄渺无端的天则来解释或规定这凌乱发展的人事。这原始的哲学在各种文化的初期，都可以找出来。《国语·楚语》载巫的才能说"古者民神不杂。民之精爽不携二者而又能齐肃衷正：其知，能上下比义；其圣，能光远宣朗；其明，能光照之；其聪，能听彻之。如是，则明神降之，在男曰觋，在女曰巫。"巫祝的聪明圣知都超过常人，所以除去降神以外，还有解梦、预言、医病、卜筮，等等能干。史的职分本与巫差不多，不过他所注重的多在记录过去的经验与事迹而已。

巫与史有一本共同的典籍，但各有各的用法。那本便是《易》：从巫的眼里看，它只是一本占卜的书；从史的眼里看，它是一本记载民族经验的迹象和字书。其实，《易》乃是华族拥有最古的字典，"开物成务"之书。古巫每以文字可以启示天志，凡有待决的事，皆向字书索取，日久成例，而占卜之辞与《易》经文就难以分辨了。

《易》是中国宗教与思想的源头，故研究道家与道教不可不先学《易》。《易》的八卦相传出于《河图》、《洛书》，这两种文字大概是居于河洛两岸的初民所遗留的。英人黎弗卡慝（J. H. Riv-ett-Carnac）以为《河图》、《洛书》是在河洛岸上的穴居人凿在石上的"杯纹表帜"（Cup-Mark）。他说这种表帜在石器时代最为普遍，欧、亚、非、美各洲都有，欧洲以在意大利及西班牙所发见者为最多。在原始的文化中，刻在石上的"○"形与"●"形乃是表示初人对于生生能力的信仰，故在瑞士古洞里找出有这种表识的石名为"婴石"（Babies Stone）。《河图》、《洛书》也包含两性的道理，后来因为记载的方法与材料进步了，乃由○●而变为－－，可是阴阳、父母、男女等等观念，仍继续地留传下来。（详见

Cup-Mark as an Archaic Form of Inscription. J. R. A. S. 1903，pp. 517—43）

一、原始的道家思想

　　道教的渊源非常复杂，可以说是混合汉族各种原始的思想所成的宗教。但从玄想这方面看来，道教除了后来参合了些佛教思想与仪式以外，几乎全是出于道家的理论。道家思想的渊源也与儒家一样同出于《易》。从传说方面，我们知道在现存的《周易》以外，还有《连山》与《归藏》两种。三易不同之点，在乎对于卦的安排次序。学者又以为《归藏》是殷朝的易，为道家思想之所从出；《周易》是周人用的，儒家思想本于它而来。《周易》的《系辞传》虽然说是孔子作的，但其中引申《归藏》的意思比较《周易》似乎多一点。《系辞传》当成于先秦时代，与《吕氏春秋》、《道德经》、《礼运》等先后出现于世。如将这几本书用比较的方法去研究一下，定然很有兴味。

　　由巫进为术数，由术数进为阴阳，后来又进而为五行，由五行而进为黄老道家，推其原始也出于《河图》、《洛书》，故亦可视为解《易》的一派。《河图》、《洛书》是阴阳与术数学的雏形，《易》就是从这两样脱形出来的。故《易》为阴阳象数之学，全书所有解释都不外乎此。郑康成以为"《易》一名而含三义：易简，一也；变易，二也；不易，三也。"这三面的意义为道家思想或道教玄学之所从出。《系辞传》上载："乾知大始；坤作成物。乾以易知；坤以简能。易则易知；简则易从。易知则有亲；易从则有功。有亲则可久；有功则可大。可久则贤人之德；可大则贤人之业。易简而天下之理得矣。天下之理得，而成位乎其中矣。"无论对于什么事体，总要把这个简易的道理明白了，然后可以成德立业，然后德业可以久大。

简易的道理在《道德经》里更说得明白。"易"本是要人生趋到无思无为的境地，故为政者当存我无为而民自治的心，不必用什么法律、道德、风俗等等，来约束人民，政府越管得简易，人民越觉得安适。"治大国若烹小鲜"，小鲜不必，也不能用力去煮它，犹如国君不必用权势去治国一样。人民所以能治是顺乎自然的性情而来，如果用权势去压迫或勉强他们顺从一件事情，那就是违反了自然。在自然里头自然有一种不可摧灭的势力，它的自身能够成坏事物，毋须人去激发它。可惜我们日常的生活已经失了道德之自然状态，而被仁义礼教所约束及压迫，因此人民越难治。欲望便是从使用不自然的权势去治理人民才会产生出来的。人民的欲望越多，越不能知足，不知足，则国越难治，灾祸就随着发生了。要灭绝这种不自然的权势，自然得从寡欲知足做起。而知足寡欲必要与外界接触的机会少，所处的社会简单才能办得到。所以小社会是最理想的国家。

小国寡民，使有什百之器而不用。使民重死而不远徙。虽有舟舆，无所乘之。虽有甲兵，无所陈之。使民复结绳而用之。甘其食，美其服，安其居，乐其俗。邻国相望，鸡、狗之声相闻，民至老死不相往来。（《道德经》下八十）

能够实现返到原始的小社会去过那简易的生活，自是道家的政治理想。从这点，道家建立了柔弱与清静的教义，因为这两点是简易生活的要素。柔静是坤道，是禀承天道的自然，本来含着刚动的能力，自然调和，人若跟着它进行，也不致于失掉刚柔动静的调和生活。《庄子》所说"慎守自身，物将自壮"（《在宥》），也是表明人如能承顺自然，保守天地所赋予性情，一切事物都会自己调和地发展了。

> 坤至柔而动也刚；至静而德方；后得主而有常；含万物而化光。坤道其顺乎？承天而时行。（《易文言传》）

道家之所谓"道"与儒家之所谓"道"，其不同的地方在前者以为人生应当顺从天地之道与万物同流同化，故立基在阴阳、动静、刚柔、强弱等自然相生、自然相克的观念上头，而忽视人为的仁义；后者偏重于人道的探索与维持，故主张仁义。我们或者可以说道家与儒家皆以顺应天道为生活的法则，所不同的在前者以地道为用，后者以人道为用而已。地道是无成无为，故《易》（《坤》）有"地道无成而代有终"的说法。地的德不在创作，在承顺天道以资生长养万物，所以常是站在静的或消极的地位，凡天所赋与的事物，它都不必费力去改作，只能保守便够了。假如必定要说地道也有"作"，那么，这个"作"必是"作成"，"作成"不过是就所有现成的事物去培养它们，使它们长成，故仍是属于保守的。"保守"是道家对于生活的态度，因为保守比创作简易也合乎地道的柔弱静止的品性。《系辞传》（下）说："夫乾，确然示人易矣。夫坤，隤然示人简矣。"又说，"夫乾，天下之健也，德行恒易以知险。夫坤，天下之至顺也，德行恒简以知阻。"知是最重要的事情。《道德经》(二十八)说：

> 知其雄，守其雌，为天下溪；为天下溪，常德不离，复归于婴儿。知其白，守其黑，为天下式；为天下式，常德不忒，复归于无极。知其荣，守其辱，为天下谷；为天下谷，常德乃足，复归于朴。

全部《道德经》都是教人怎样知，和怎样去守，而这个"知"就是《系辞传》所谓"乾知大始"的"知"，"守"就是《坤卦》的"顺"。道家所谓顺乎自然，及无为而治，都是本乎地道而来的。道一有造作，便有所私。有所私，则不能长久。《道德经》(七)说：

> 天长，地久。天地所以能长且久者，以其不自生，故能长生。

假使天地有所造作，那就有恩有为，而物失其本真了，故说"天地不仁，以万物为刍狗。圣人不仁，以百姓为刍狗。"所谓"长生"，就是万物柔和地顺从自然。人从自然而来，本是能与天地同其久长的，为何人生不过百年就要归于死亡呢？因为人爱护自己的虚形，比爱住在内里的"真人"更甚，为他创造许多娱乐受用。在创造中，根本地说，就有创造的苦；在进行中，难免夺人所有以自饶益，结果便成此得彼失。既然有得失，便不能免于生死。死亡的存在,只是私心和"创造的冲动"所致;故说天地"不自生,故能长生"。天地本于自然化育万物,故"万物持之而生而不辞,功成不名有,爱养万物而不为主。"自然并非有所创作,因为一说到"作"便是不自然了。天地本着自然的进行长养万物,表面上似乎有所作为,其实是极无所作,也无所私,无所享受,故说,"生而不有,为而不恃,功成而弗居。"

在人与人相处的时候,如柔弱能让,便是顺乎自然之理。让的反面是争,故圣人要使人不争,必得使他们少有接触的机会更好。为国也是要本着这自然的道理,使为政者"无为而民自治"。"自治"云者,是人民解决自己的生活问题,无须要什么政府来替他们立仁义,制法度,作礼乐。

> 故至德之世,其行填填,其视颠颠。当是时也,山无蹊隧,泽无舟梁。万物群生,连属其乡。禽兽成群,草木遂长。是故禽兽可系羁而游;鸟鹊之巢可攀援而窥。夫至德之世,同与禽兽居,族与万物并,恶乎知君子小人哉?同乎无知,其德不离;同乎无欲,是谓素朴,素朴而民性得矣。及至圣人,蹩躠为仁,踶跂为义,而天下始疑矣;澶漫为乐,摘僻为礼,而天下始分矣。故纯朴不残,孰为牺樽?白玉不毁,孰为珪璋?道德不废,安取仁义?性情不离,安用礼乐?五色不乱,孰为文采?五声不乱,孰应六律?夫残朴以为器,工匠之罪也;毁道德以为仁义,圣人之过也。(《庄子·马蹄》)

民与民相疑相争都由于圣人为他们立仁义,作礼乐。人若顺着自然，守着天地所赋予固有的性情，一切的需要本已齐备，何必再与外境交通，去要求什么供给呢？民人相争相攘至于死亡，都是因为他们的要求过于他们所需要的，后面又有一个强有力的圣人或国家去替他们出力，替他们维持，使他们遂意，于是贪得的心就发达到不可制止的地步。"法令滋彰，盗贼多有"，故"剖斗析衡"是根本解决的方法，因为没有人代人规定权衡，贪得贪利的心也就消灭了。

生活要求简易，欲望要尽量排除，就是道家所谓"葆真"的工夫。人一有了欲望，便想去求满足，从欲而"得"，从得又想多得一些。欲得之心日盛一日，不安宁的生活因之而生。"不见可欲，使心不乱"，就是清心宁志的工夫。世间一切的作为都是根于"我想做"这个念头来的，故越有作为越多欲望。所得愈多，欲望愈大，对于所作愈不知足，而精神上的苦痛常敌不住获得时的愉快。一不愉快，心便乱了。从需要方面说，所造作的愈多，需要之量也随着增加起来。人本是可以简易地过日子的，但因我们的祖先对于物质上的要求不已，以至形成今日烦琐的生活，使人与外境的关系越来越深切，甚至有缺乏了些少便有不能生活的情形，《老子》说："少则得，多得惑。"（二十二）便是这个意思。譬如水是日用必需的，从前几家共用一口井，所关系的极小，纵使一旦井枯了，还可以想法子，生活犹不至于受多大的累。今日住几十万人的大城市，水的供给集中了，从用水方面看固然利便得多，假使水源一旦断绝，全城人民所受的痛苦比起从前用井的时代就大多了。故人民与公共事业的关系越大，越是危险，越发痛苦。生活越繁琐，人物彼此的关系大有拔一发而动全身的光景，"有什百人之器而不用"的话，正是为此而发。如我们今日用一副机器可当千百人的劳力，可是他已使千万人变成物质及机械的牺牲了。"民多利器，国家滋昏"（五十七），也就是这个意思。是故圣人当使民无欲。无欲并非有欲以后用强力去压制的意思，乃是根本地排除它，使人各乐其生而安其居。要这样，才能保持"三宝"（六十七）。无欲故不争，不争故无伤害，而能"慈"。无欲故生活简易，简易故省物力，而能俭。无欲故静，静故谦让，"不敢为天下先"而能长久。

明白了返到自然及简易的道理，我们当再进一步去研究道家对于宇宙的见解。道家以为宇宙的进行即是"造化"的现象。世间一切事物都是由于一造一化循环地变迁，并没有什么成就。这就是《易》始于《乾》终于《未济》的意思。造化本无全功，成就与失败，祸患与福利都是互相循环的。我们所见宇宙的现象没有一样不是由造而化，由化而造，故可以说道只是不断的造化。老子说："祸兮福所倚；福兮祸所伏"（五十八），庄子更进一步说："道通为一，其分也，成也。其成也，毁也。凡物无成无毁，复通为一"（《齐物论》）。成败生死是存在天道与地道里头循环的造化。

圣人之生也天行，其死也物化。静而与阴同德；动而与阳同波。不为福先，不为祸始。感而后应，迫而后动，不得已而后起。去知与故，循天之理。故无天灾，无物累，无人非，无鬼责。其生若浮，其死若休。不思虑，不豫谋。光矣而不耀，信矣而不期。其寝不梦，其觉无忧，其神纯粹，其魂

不罢（疲），虚无恬淡，乃合天德。（《庄子·刻意》）

这与《易》所谓"易无思也，无为也，寂然不动，感而遂通天下之故"同一意义。所谓感应，就是在虚无恬淡中理会造化循环之理，既然知道这个现象，事物的成毁自不能有何影响，来扰乱我的心神。

凡一种事情的成就皆有它的来由，并非由于一朝一夕之故。所谓"成功"或者是从许多失败积下来的，或者是从许多小成功结成的。积涓滴成海，积沙石成山；积愚成智。但海有时也会枯；山有时也会平；今日之智，未必不是将来之愚；故成海成山成智的"成"只是相对的话，绝对的成就究竟不能得着。道之所以大，在乎虚空不积，虽积而不见，不理会其积。老子说："三十辐，共一毂，当其无有车之用。"（十一）车行因于毂之虚空，而毂的自身并没有车的功用。庄子更声明这个意义。

　　天道运而无所积，故万物成。帝道运而无所积，故天下归。圣道运而无所积，故海内服。……夫虚静恬淡寂寞无为者，天地之平，而道德之至，故帝王圣人休焉。休则虚，虚则实，实则伦矣。虚则静，静则动，动则得矣。静则无为，无为也，则任事者责矣。无为则俞俞，俞俞者，忧患不能处，年寿长矣。夫虚静恬淡寂寞无为者，万物之本也。（《天道》）

原始道家的"长生说"并非恋世主义，只是要随着造化的玄机运转，自然能够年寿永久。人所以会衰老的原故是由于忧患；

忧患由于心不虚静恬淡,一味去求知。这个"知",与上头知白守黑的"知"不同,乃我们的心对于事物的解释,即是平常所谓"知识"与"智慧"。从我们心中或经验中所生的知与智并非真的,故应当舍弃掉。道在于无,有心则非,吾人求知,均赖心识,故欲去知,先当虚心。人所以求知的原故,必是由于一种成法不适宜,欲知其所以然,进而求其处治之方。在这种情形底下才会产生圣人。圣人之生在于道德沦亡之后,而仁义的建立,权利的分别,都是知所以处置当前的情境的结果。但是,"大道废有仁义,智慧出有大伪"(十八),智本以防害,而害反因之而彰;仁本以成德,而德反由之而坠,仁义智慧究竟是靠不住。社会越知道防止盗贼的方法,不见得就能把盗贼扑灭,有时反可以养成他们的机巧。知本是靠不住,又是一件无底止事,纵使用一生的心力去探求也不能有多少把握,甚至产出许多烦恼来。

> 吾生也有涯,而知也无涯,以有涯随无涯,殆已。已而为知者殆而已矣。为善无近名,为恶无近刑,缘督已为经。可以保身,可以全生,可以养亲,可以尽年。(《庄子·养生主》)

自然的道本是大智,不必用人心去思虑知觉就能够使生活安适,寿命久长。故老子以为"绝圣弃智,民利百倍;绝仁弃义,民复孝慈;绝巧弃利,盗贼无有。"(十九)大道具有无限知识,可是永远没曾表示出来,天地所以能够长久地存在也是在此。人如能效法天地,就可以长生了。

天地有大美而不言；四时有明法而不议；万物有成理而不说。圣人者，原天地之美，而达万物之理。是故至人无为，大圣不作，观于天地之谓也。（《庄子·知北游》）

知愈多，性命愈疲，故圣人治国务使人返朴还淳。人生的最大困难是在生活的机械化。用知愈多，则是非、取舍、去就等等愈明，而机械愈繁。所谓"经常"或"法则"，都是社会积了许多经验知识才能成立的。但社会一有了这些机械的法则，人们便不能自由，必要时常受它的辖制。机械的生活，总一句说，都是知的毛病。所以我们要自然得着解放。自然是不立何等法则，不有何等知识的。

善行无辙迹，善言无瑕谪，善数不用筹策。善闭无关楗而不可开。善结无绳约而不可解。（《老子》二十七）

二、道教思想的形成

原始的道家思想的梗概，既略如上述，现在我们当研究道教与它有什么关系。"道家"据说当作"道德家"，因为他主张弃绝仁义返到自然的道德生活。老庄的思想只代表道德家的思想，本与后来的道教没有直接的关系。道教思想远源于术教和巫觋的宗教，到后来才采用了道德家的玄学。

道教的成分非常复杂，我们从宗教与思想方面可以明白地回溯到它的许多根源。今将道教的源流先列出一个简表，再依次略说一下。

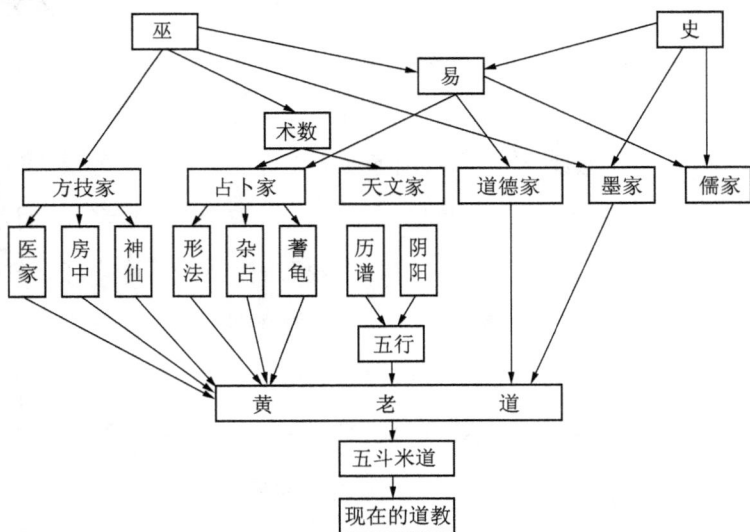

在先秦时代，最初与道家思想结合，成为道教的宗教教义的便是阴阳家。

> 阴阳家者流盖出于羲和之官，敬顺昊天，历象日月星辰，此其所长也。及拘者为之，则牵于禁忌，泥于小数，舍人事而任鬼神。（《汉书·艺文志》）

这就是历来传说的阴阳家的来历。阴阳家的首创者据说是驺衍。他约生于公元前四世纪，稍后于孟子的时代。司马迁记孟子之前后，齐有三驺，邹忌在孟子前，其次为驺衍，在孟子后。"驺衍睹有国益淫侈，不能尚德，若大雅整之于身，施及黎庶矣，乃深观阴阳消息，而作怪迂之变，终始大圣之篇十余万言。其语闳大不经，必先验小物，推而大之，至于无垠。先序今，以上至黄帝，学者所共术。大（次）并世盛衰，因载其机祥度制，推而远之，至于天地未生，窈冥不可考而原也。……称引天地剖判以来，五德转移，治各有宜，而符应若兹。……"（《史记》卷七十四《孟子荀卿列传》）

阴阳的说法是驺衍时代的流行思想。《易》"十翼"与《庄子》书中说阴阳的地方很多，驺衍所用来立一个学派，所增的是他的推尊黄帝，笃信机祥，和五德转移等等主张。阴阳家推尊黄帝，后来与道家对于事物消长顺逆之理参合，而成为秦汉间最流行的"黄老道"的要素。"牵于禁忌，泥于小数"，信于机祥，是黄老道的特点。阴阳思想是道家成为道教之枢纽。司马谈论六家之要指说："尝窃观阴阳之术大祥而众忌讳，使人拘而多所畏。然其序四时之大顺，不可失也。……道家使人精神专一，动合无形，瞻足万物。其为术也，因阴阳之大顺，采儒墨之善，撮名法之要，与时迁移，应物变化，立俗施事，无所不宜。指约而易操，事少而功多。……至于大道之要，去健羡，绌聪明，释此而任术。夫神大用则竭，形大劳则蔽，形神骚动，欲与天地长久，非所闻也。夫阴阳，四时，八位，十二度，[①]二十四节，各有教令，顺之则昌，逆之者不死则亡，未必然也，故曰'使人拘而多畏'。夫春生，夏长，秋收，冬藏，此天道之大经也，弗顺则无以为天下纲纪，故

---

① 八位谓八卦之位。十二度即十二次，谓日月交会所在星次。《书·尧典传》"寅日析木，卯日大火，辰日寿星，巳日鹑尾，午日鹑火，未日鹑首，申日实沈，酉日大梁，戌日降娄，亥日娵訾，子日元枵，丑日星纪。"

曰'四时之大顺，不可失也。'……道家'无为'，又曰'无不为'，其实易行，其辞难知；其术以虚无为本，以因循为用。无成势，无常形，故能究万物之情。不为物先，不为物后，故能为万物主。有法无法，因时为业；有度无度，因物与合；故曰'圣人不朽，时变是守'。"从司马谈的评论中，我们可以看出道家与阴阳家同主"大顺"之道而以"因循"为用的。阴阳的教义在道教里头极其重要，几乎没有一样宗教行为不与它有关系。

占道教思想与中国的人生观的大部分，次于阴阳，就是五行说。五行或者也是阴阳家采用旧说或从当时一般的"五德转移，治各有宜"的见解加以符应的说法而来。"五德转移"即五行相生相克的说法。《庄子·外物》《说剑》，《鹖冠子·夜行》，《墨子·经下》《贵义》等章都有阴阳五行之说，而《贵义》所记很足以代表驺衍以前民间对于五行与实际生活的关系的见解。

> 子墨子北至齐，遇日者。日者曰："帝以今日杀黑龙于北方，而先生之色黑，不可以北。"子墨子不听，遂北至淄水，不遂而反焉。日者曰："我谓先生不可以北。"子墨子曰："南之人不得北，北之人不得南，其色有黑者，有白者，何故皆不遂也？且帝以甲乙杀青龙于东方，以丙丁杀赤龙于南方，以庚辛杀白龙于西方，以壬癸杀黑龙于北方，以戊己杀黄龙于中方，若用子之言，是则禁天下之行者也。是围心而虚天下也。子之言不可用也。"

从这一段看来，五行说已为当时的日者所应用，《荀子·非十二子篇》说子思"案往旧造说，谓之五行"，可以见得这种见解的渊源很长。阴阳五行，有些学者以为是中国古代从波斯的星学传来的，用五色来分星次和方向也是西方诸古国所有，故这种说法我们虽不能准说是外来的，然而为天文家所主张是无可怀疑的。因为东方苍龙，南方朱鸟，西方白虎，北方玄武，各星宿的颜色不同，以致各方对于颜色的好尚也不同了，所谓夏尚黑，殷尚白，周尚赤，都是从分野而来的。

天文家从主张的五行，讲《易》的人将他与《河图》、《洛书》"数论"参合起来，便成为后来中国人一般的见解。数的理论，依《老子》说，"道生一，一生二，二生三，三生万物"，由"三"推到无尽，变化随其数之增减交互而起。《系辞传》上所渭"通其变，遂成天地之文；极其数，遂定天下之象"，即是此义。从"三"回溯到"一"为一切现象界的原状，《老子》所谓"圣人抱一"（二十二）即是此"一"，故说："天得一以清；地得一以宁；神得一以灵；谷得一以盈；万物得一以为天下贞。"（三十九）"道"是无形的宇宙本体，数是宇宙的现象，但不是物质。物质是从"数"再行综合而起的。物质的起源，照后来的五行家及谶纬家的说法是由于天地的数互相配合而成。《易纬·乾凿度》有天一地六生水，天七地二生火，天二地八生木，天九地四生金，天五地十生土之说，这五种就是万物的最根本的原质，就是叫做五行。五行因相生相克之故便产出宇宙一切的事物。《大禹谟》虽载"水、火、金、木、土、谷"六府，《甘誓》和《洪范》虽有五行的名字，究竟是后人附会的，故不尽与阴阳的"数论"相符合。五行相生相克的说法，《春秋纬·文耀钩》和《春秋繁露》都记载着。董子解五行的意义说，"行者，行也,其行不同,故谓之五行。五行者,五官也;比相生,而间相胜也(五行相生)。"他解"比相生",如"木生火,火生土,土生金,金生水,水生木"。照他所说,五行的次序是木、火、土、金,水。"间相胜"即五行相胜的情形,就是"水胜火,火胜金,金胜木,木胜土,土胜水"。《白虎通·五行》所载的也差不多。五行相生相克之理,不但是驺衍一派的人喜欢说,就是先秦诸子也都很喜欢说。《庄子·外物》也载:"木与木相摩则然。金与火相守则流。阴阳错行,则天地大统于是乎有雷有霆。水中有火,乃焚大槐。"这也是不完备的五行相生相克的见解。《管子·五行篇》说:"作立五行,以正天时;五官,以正人位。人与天调,然后天地之美生。"这也是五行说成立的本谊。

在一般中国人的哲学里,阴阳五行永远占着很大的势力,凡人生日用等等事物都呈现相消相长相生相克的现象。一言以蔽之,凡历史上的进程,无非是从阴阳五行所生的"运气"的流转。时令、历史或"天运",在中国人的感觉中是很容易领受的。"运气"的吉凶可以运用到一切天时、地理、人事上头。但运气是什么呢?"运"是从阳的性产出的,就是金、木、水、火、土五行;"气"是从阴的质构成的,所谓初、二、三、四、五、终六气。五运六气的说法,依《内经素问》(卷十九)、《五运行大论》及《六微旨大论》说,甲己为土运,乙庚为金运,丙辛为水运,丁壬为木运,戊亥为火运;六气应五行之变,天气始于甲,地气始于子,子甲相合,命曰"岁立",谨候其时,则初、二、三、四、五、终六气可以知道。看来"运气"或者是历谱家的旧说也不一定。

我们的历法是用干支的互配而成。干支的由来，依旧说，也是从《河图》、《洛书》①来，前者生十干，后者生十二支。时令的运转是根于干支的相配。干支含有阴阳动静，五行生克的性质在内。"性"属阳，是五行的本体；"质"属阴，是阴阳五行综错所生的六气。六气在时令上自"初气"至"终气"循环周流，终而复始。阳性的五行随着阴质的六气运行，因其高下相合，升降相因之度而有变化，而有吉凶。故五运六气的流转，就是宇宙里万有的现象。运气的流转是有法则的，自一时、一日、一月、一年、一纪运（六十年）、乃至一元（十二万九千六百年），都有一定的运气。时间上运气的吉凶，并不是人力所能改移，因为那是宇宙进行中除旧布新必要的历程。

六气到后来，由初气、二气等，变为胎、生、壮、老、死、化六个宇宙进行的时期。② 宇宙在一"元"的时间中都具有这六种运气。现在的"元"的运气，照王圻《三才图会》的算法，今年是第六万八千九百四十四年。元是天地终始消息的运气，其计法以三十年为一世，十二世为一运（三百六十年），三十运为一会（一万零八百年），十二会为一元。这与《春秋纬·元命苞》所记自开辟至春秋获麟凡二百二十六万七千岁，共分为十纪的说法不同。要了解我们现在的元的历史进程，可以看下列图表（见下页）。图表中，镞形表示时间进行的方向。菱形上表本元六气，下表十

---

① 道教对于《河图》、《洛书》的见解，见《文昌大洞仙经》（《道藏》，冬上）。

② 见《性理会通·洪范皇极内篇》。"胎、生、长、成、老、化"或者是道士假借印度僧伽瑜伽学派所持宇宙六段有变易（Bhāva-Vikāras）的说法而来。六者：一、生（Jāyatē）；二、有（Asti）；三、长（Vardhati）；四、变（Parinamate）；五、襄（Apakshiyate）；六、化（Vinashyati）。

二会。开即子会,闭为丑会,建为寅会,除为卯会,满为辰会,平为巳会,定为午会,执为未会,破为辛会,危为酉会,成为戌会,收为亥会。菱形者,表示宇宙万物从过去元入于虚无,从虚无进化直到壮为广延极盛时期,过此则渐次收缩复至于虚无。为是涨缩,周流无尽。

今表中,表示天地的运气自虚无入于子会,至"甲"而天成;入丑会,至"乙"而地立;至寅会第六千年"丙",而人始生,那时人得天地之气未足,形状性情只与禽兽略异。到了巳会第六千年

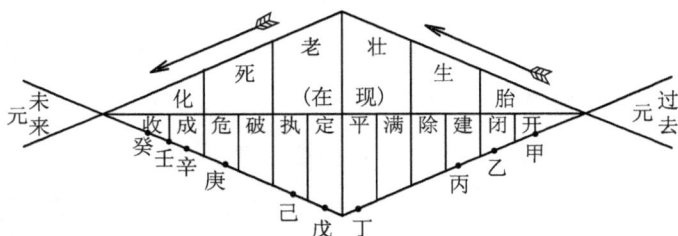

"丁",而黄帝出。现在是午会,"戊"是今年,民国十六年,天地的运气已渐渐入到衰老的时期了。过此以后,入未会第三千年至"己",就到了地老天荒之运。到了酉会第六千年"庚",而人与神仙俱灭。到了戌会第三千年"辛",日月星辰不行,第五千年天大昏,六千年天阖,一万年"壬"而天坏尽。亥会第六千年"癸"而地坏。过此,则天地人俱灭坏,复归于无,循环到未来的子会,再纪新元。这样的见解很合于天文学家对于日星生灭的推测,虽然所计的年数不对,但在非科学的时代,我们的古人能够这样想,就算了不得。

一元的始终就是三才的"大生死"。生死就是造化,故说"造化以日新为德,正须迭用生死"。(《快书·秋涛》)拉丁谚:"死是

生之门。"(Mors janua Vitae)正是道教的生死观。在每年、每月、每日、每时的运气中也各有各的生死,阴阳家和建除家因此立"月建十二神"配十二辰于十二日,周而复始,观其所值以定吉凶。他们以为在这十二日的运动中,各日都和宇宙万有日月星辰等有关,故每日都有值日的星辰。十二神即建、除、满、平、定、执、破、危、成、收、开、闭。"建除"之说,依《淮南子·天文训》说:"寅为建,卯为除,辰为满,巳为平,主生;午为定,未为执,主陷;申为破,主衡;酉为危,主杓;戌为成,主少德;亥为收,主大德;子为开,主太岁;丑为闭,主太阴。"又《六韬》有"主开牙门背建向破"之说,《越绝书》(七,外传记范伯)有"黄帝之元执辰破巳"之文,其起源虽托于黄帝,其实是秦汉间阴阳家的成说。《王莽传》载"以戊辰直定,御王冠,即真天子位",师古注"于建除之次,其日当'定'也"。可见建除的应用①在汉时已经是很普遍了。十二神有吉凶,吉是除、危、定、执、成、开;凶是建、破、平、收、满、闭。故诀说,"建、满、平、收、黑(黑道);除、危、定、执、黄(黄道);成、开,大吉立;破、闭,不相当。"

建除之意:建为一月之始,故从建立起义。建次为除,为除旧布新之意。"一生二,二生三",三为数之极,故名满。过满则溢,故必使之平。平则定。定则可执,故继之以执。执所以守其成,故继之以成。物无成不毁,故继之以破。既破而后知危,故

---

① 建除之法,以年统时,以时统月,以月统日。如民国十六年,阴历为丁卯年,正月大,建壬寅,以戊寅日(十二日)起建,顺行至庚寅日(二十四日)复值建日。每月交节,即叠两值日,如正月初四立春,为定日,此定是叠初三的定,又如二月己亥日为惊蛰,则初三与初二同为成日,余类推。坊间通行的历书可检阅。

继之以危。心能知危，事乃有成，故继之以成。既成必收效，故继之以收。自建至收而数全，但数无终极，当以理开，故以第十一底"开"为首。开即开始，一始，自此数到三，复为建。故建实生于开。开即是生气。气始萌芽，不闭则发泄净尽，而物不能生，故受之以闭。惟其能闭，故能建立，于是第十三复为建日。自建到闭的历程便是一切万物进行的公式，故每日做事的宜忌都要照着值日的建除而行。① 这于《易》理，应用得何等精密！最流行的《玉匣记通书》、《诹吉便览》等，都把这星占的式例列得很详细。他如属于太乙、②六壬、③遁甲、④禽演⑤等书，都是一般星相家的宝典。坊间所刻通书为各家所必备，虽然不识字，也得

---

① 古时又有"丛辰说"。星命及选择家以二十辰所随的众辰有善神恶煞之别，如兵福、小时为建；吉期、兵宝为除；福德、天巫为满等等。详见《协纪辨方书》。丛辰家对于吉凶宜忌与建除家言互有出入，但通俗都不用前者的说法。现在的通书都用建除说。道书中，《神枢经》、《洞源经》，专讲此义。

② 太乙，星名。职太乙数以行九宫，故名"太乙数"。《史记·日者传》记术数九家，太乙居其一。《汉书·艺文志》，五行家典籍中有《泰一阴阳》二十三卷。大概此术在战国时已经有了。现在通行的书有唐王希明的《太乙金镜式经》十卷。太乙数法以"一"为太极，因而生"二目"，二目生"四辅"，又有计神与太乙合成"八将"。以岁、月、日、时为纲，以八将为纬，三基、五福、十精为经，占内外灾福。九宫者：天蓬星，太乙，坎水白；天芮星，摄提，坤天黑；天衡星，轩辕，震木碧；天辅星，招摇，巽木绿；天禽星，天符，中土黄；天心星，青龙，乾金白；天柱星，咸池，兑金赤；天任星，太阴，艮土白；天英星，天一，离火紫。

③ 六壬：五行始于水，故称"壬"，天一生水，地六成之，故称"六"。此法本《易》六十四卦列为六十四课。《隋书·经籍志》已载其书，现在最通行的为明人撰《六壬大全》十二卷。

④ 遁甲又作"循甲"。此法起于《乾凿度》太乙行九宫法，盛行于南北朝。法以十干中的乙、丙、丁为"三奇"，以戊、己、庚、辛、壬、癸为"六仪"，以甲统领它们配于九宫而视察其加临之吉凶，使人知道趋避，故名"遁甲"。因乙丙丁在九宫中为三奇门，故此法又名"奇门遁甲"。

⑤ 禽演者：以星禽推知人事的吉凶及其嗜好情性。唐宋以来，此术极其盛行，其书多列入《道藏》。普通所见，有《演禽通纂》二卷。

买一本搁着，干支对于我们日常的生活是何等的大！

　　干支影响于历史人事既如上述，它与人身的关系最显著的是"十二生肖"的说法。这是秦汉间方士所倡。[①] 其立说宗旨，大概是因各支的性质选立一禽以为标识。这个阴阳家叫做"求象"。求象的事实最初因于时令，说如《鹖冠子·天权》"四时求象，春用苍龙，夏用赤乌，秋用白虎，冬用玄武"。《月令》"季冬出土牛"也是以牛为"丑"的表识。《说文》以"巳"为蛇的形象。求象的事实在汉时已大行，故王充于《论衡·物势篇》辩论五行相用相害之气的荒谬兼反驳十二生肖和星辰与人生感应之理。但那时这种信仰已很普遍，甚至有人说人的身体各官也和星辰有关，《内经素问》专阐明这个道理。《汉书·翼奉传》说奉治历律阴阳之学，曾上封事与元帝，论历律与性情的关系，有"观性以历，观情以历"的话。性有五而情有六。五性即五行干支在身体里的性，其说为："肝性静，静行仁，甲己主之。心性躁，躁行礼，丙辛主之。脾性力，力行信，戊癸主之。肺性坚，坚行义，乙庚主之。肾性智，智行敬，丁壬主之。"六情即廉贞、宽大、公正、奸邪、阴贼、贪狼是。

　　五行干支的运气不但影响于人身，即如地的形状也与它有关。讲求这种知识便是"风水"，或堪舆学、形学。"堪舆"二字，人多解为"天地"，孟康说是造图宅书的神名。《汉书·艺文志》

---

　　① 十二生肖或者不是中国旧说。赵翼《陔余丛考》（三十四）说："此本于北俗，至汉时呼韩邪款塞，入居五原，与齐民相杂，遂流传入中国。"看来此说乃从西北胡人介绍入来的。西域及天竺、缅甸诸国都有十二生肖之说，肖兽虽不同，而大意不异。印度人对于此说，可参看《十二缘生祥瑞经》，又中国原有"困敦"、"赤奋若"、"焉逢"、"端蒙"等干支名，都不像中国话，想是突厥的方言，他日学力稍足，当再从事探究。

载有《堪舆金匮》十四卷，列入五行家的典籍里头，足见风水之学也是从五行家倡出来的。所谓"堪舆"，是说人生于土，归于土，故卜居、卜葬，当合乎五行的运气。堪舆家以为地是方的。这方是翕于天中一个六面体的方形，故四维能上应列宿之位。列宿的布列，古今有异：现在以星、张、翼、轸、角、亢、氐为东方七宿；房、心、尾、箕、斗、牛、女为北方七宿；虚、危、室、壁、奎、娄、胃为西方七宿；昴、毕、觜、参、井、鬼、柳为南方七宿。因为天运的差移，所以吉凶的遭际也就古今不同了。这样的差移也影响到"龙脉"上头，故地理的灾祥，今与古亦不同。甚至一年一日的运气也可以影响到地理上头。一岁之运为春生、夏荣、秋枯、冬死；一日之运为晨温、昼暖、暮凉、夜冷；故堪舆之兴替当因枢斗旋转而异，地理不能离开天象。

堪舆与形法也有关系。《汉书·艺文志》载"形法者，大举九州之势以立城郭室舍，形人及六畜骨法之度，数器物之形容，以求其声气贵贱吉凶，犹律有长短，而各征其声，非有鬼神，数自然也。然形与气相首尾，亦有有其形而无其气，有其气而无其形，此精微之独异也。"所述相宫宅地形就是现在堪舆家所做的事。他们以山的形状附会五行，如以直形为木(∧)，尖形为火(∧)，横形为土(⌒)，圆形为金(∩)，曲形为水(Ɱ)是。他们说人所居处的宫室也与五行有关，以为各宅都有其阴阳八卦，干支的方位。乾将三男(震、坎、艮)属于阳位，坤将三女(巽、离、兑)属于阴位。以东面为辰南，西面为戌北之位，从此斜分为阴阳之界；因宅的坐位而有阳宅阴宅之别。凡有所建筑，当以该宅的阴阳与本年星宫的运转对勘，如有冲犯就避免或用法祈禳。相地时当视察金、木、水、火、土五星和贪狼、巨门、禄存、文曲、廉贞、武曲、破军、左辅、右弼九曜与卦气相值时吉凶现象为趋吉避凶之计。王充于《论衡·四讳篇》辩"西益宅不祥"之误，于《诘术篇》驳图宅术之非，足见相宅之法，在汉时已很盛行了。至于卜葬乃始于古时相土之法，本不求与天运相乎，但自汉魏①人盛倡风水，这种信仰于是大行。有名青乌先生者，作《葬经》，相传他是汉朝人，精于地理阴阳之术。在他之前，还有秦朝的樗里子、朱仙桃。樗里子有传，载入《史记》；朱生平不详，《地理正宗》载他作《搜山记》。晋郭璞也著一部《葬经》，阐风水之理，说"所谓葬者，乘'生气'也。夫阴阳之气，噫而为风，升而为云，降而为雨，行乎地中而为'生气'。生气行乎地中，发而生乎万物。人受体于父母，本骸得气，遗体受荫。盖生者，气一聚，凝结而成骨，死而独留。故葬者反气内骨，以荫所生之道也。……《经》曰'气乘风则散，界水则止，古人聚之使不散，行之使有止，故谓之风水'。"阴阳之生气运于地中而生万物，子孙的身体与祖宗的遗骸是一气所贯，所以祸福也能互相影响。这就是风水信仰的根本。

在术数之外，汇流入于道教思想的有方技家的神仙说。《汉书·艺文志》对于神仙家的评论说，"神仙者，所以保性命之真，而求游于其外者也。聊以荡意平心，同生死者之域，而无怵惕于胸中。然而或者专以为务，则诞欺怪迂之文，弥以益多，非圣王之所以教也。"方士的长生理想与原始的道教不同，因为前者偏重在寻求肉体不死的方法。传说自周穆王时，海上神山的存在，

---

① 汉魏六朝人信堪舆家言者，见《后汉书·郭镇传》、《袁安传》、《魏志·管辂传》、《晋书·徐邈传》等。

已为一般人所乐道,王于是遍行天下,为要找着那"不死的国",卒在西方得遇西王母。穆王后四百年间,是灵王御宇的时代,求神仙的人日见其多。当时所谓东方三神山即是现在的日本,故出海向东去求仙的人很多。秦始皇二十八年乃从事于大规模的寻求,遣徐福领了几千童男女出海。日本栗田宽作《氏族考》,称述藩别①姓氏中的山田、御井、志我、长野、广野、三宅六氏为灵王后裔,章炳麟说是太子晋之胄,因"王子求仙"的史实,虽《列仙传》未明载其有无出海,但确有可靠之处。②

　　神仙思想的起源本出于燕齐方士。这两国为当时近海的开明国,海边的景象,如蜃楼云气等。给他们一种仙山的暗示。自方士的思想盛行后,一般学"道"的人因为它的"不死说"与老氏的"长生论"名字上适合,顺着时势的趋向,遂将它与道家合而为一。故此后所谓"黄老",③无不与神仙有关系。神仙家深信肉体不死之说,主张用药力来补充后天的缺陷。这与原始的道家的"真人"思想就不同了。《庄子·大宗师》说,"古之真人不逆寡,不雄成,不谟士。若然者,过而弗悔,当而不自得也。若然者,登高不栗,入水不濡,入火不热。是知之能登假于道也若此。古之真人,其寝不梦,其觉无忧,其食不甘,其息深深。真人之息以踵,众人之息以喉。屈服者其嗌言若哇。其耆欲深者,其天机

----

　　① 日本姓氏,彼邦人士向分三别,一为神别,二为皇别,三为藩别。藩别为外国人在彼落户者之子孙。

　　② 参看《太炎文录》(一),《太子晋神仙辩》,日本藩别姓氏中今日还有些少周秦汉的姓:如林、周、田、宋、秦、吴、南、梅等是。但他们的初祖是否很早就到东国就很难说了。

　　③ 黄老之名当起于汉初,依夏曾佑说当以窦太后为本派之初祖,汉时民间凡壬、禽、占验之术皆目为黄帝书,见《中国历史》。

浅。古之真人不知说生，不知恶死，其出不欣，其入不距，翛然而往，翛然而来而已矣。不忘其所始，不求其所终。受而喜之，忘而复之，是之谓不以心捐道，不以人助天，是之谓真人。若然者，其心志，其容寂，其颡頯，凄然似秋，煖然似春，喜怒通四时，与物有宜，而莫知其极。"原始的道家以为在这"虚形"里头有个与大化同流的真我，能超然于物质之外，忘形于时间之中，如庄子《逍遥游》所说的姑射神人一样。故初期的道士只说"尸解"、"蜕化"，并没想到"白昼飞升"这一层。道家的"真人"思想，不但不是肉身永生说，并且主张身体的生死是必需的。《庄子·大宗师》说："大块载我以形，劳我以生，佚我以老，息我以死。故善吾生者，乃所以善吾死也。"明生死是理所常具，何能逃避得了？所以要注意寄寓在这虚形里的"真人"，要使他（真我）回到自然的道里头。道是"有情有性，无为无形"的，所以它能超脱一切空间时间的牵制，而自由去来。

道家的长生思想，不是贪生逃死，乃是为知生而生，知死而死。宗教能够成立都是在乎对付生死。对付人生，有伦理学就够了。要有"人死观"加在人生观上头，才能说得上宗教。世人无一不死，却没有一个善于死的。这都是因为他们不善于养生的原故。道家的修养就是要预备死，故要"穷理尽性而至于命"来理会生生死死的真际。求长生不过是我生的时间短，不能尽量享受罢了。但百年的寿命不为长，千万年的寿命亦何尝长得了多少？时间不过是真我因住在虚形中而生的主观感觉，在道里头，本无此事。造成时间的主因，是在我们的虚形中可以感得血脉的跳动，事情的繁简，光阴的更迭，等等。凡我感得繁杂迅速的事物，便觉得时间短，而简慢的便觉得长。监里的囚犯，下床盼暗，上床盼明，在狱中度日如年，没有什么事情可做，故他们的时间比别人的长。市场里的商人，收幌子的时候，总觉得刚挂上不多时，因为他的生活忙，所以觉得光阴如箭。"黄粱梦"的经过只在瞬息间，而其经历已是几十年的工夫了。因为梦中情事纯是主观的，没有外界情景与它比较，故能于一瞬间周历几十年。这样看来，真时间便是无时间，因为时间是从虚形中造出来愚弄人的。"山中七日，世上千年"还不是真时间，要能"体道合变，忘心于寒暑"才可以。故庄子说"天时，非贤也"，明要把时间忘掉乃可以为真人，为贤者。一个人能够事无所事，心就虚静，而无忧虑；无忧虑故没有年寿不永的恐慌，那么，日月就可以延长了。不能长生的原因就是犯了"时病"。进一步说，肉身的生死，本不碍于长生；就使肉身不死，也不过是"与天地同休"，[①]天地还有休灭的时候，何况肉体？"飘风不终朝，骤雨不终日，孰为此者？天地！天地尚不能久，况于人乎？"（《老子》）故《太玄经》说："忘于目，则光溢无极；泯于耳，则心识常渊。两机俱忘，是谓太玄。"又说"养其真火，身乃长存；固其真水，体乃长在。真真相济，故曰'长生'。天得其真故长；地得其真故久；人得其真故寿。世人所以不得长久者，养其外，坏其内也。"[②]

自神仙辟谷服丹之说加入道教，于是所谓"真人"一变而为肉体飞升说，这样的思想无疑是受了佛教轮回论的影响，并且变

---

① 《神异经》载"九天玉童玉女与天地同休息"，道教徒都信神仙的寿命是如此。

② 《道藏·洞真玉诀》，收下。

本加厉。《钟吕传道集》里，钟离权对吕岩说："人生欲免轮回，不入于异类躯壳，当使其身无病老死苦。顶天立地，负阴抱阳而为人，勿使为鬼。人中修取仙，仙中升取天。"《传道集》以阴阳定人鬼仙三途，说鬼是纯阴无阳，人是阴阳相杂，仙是纯阳无阴。故人可以为仙，也可以为鬼。仙有五等，所谓鬼仙、人仙、地仙、神仙、天仙是。[①] 修到鬼仙还不为功，到人仙乃为小成，地仙为中成，神仙为大成。鬼仙不免轮回，人仙与地仙只可免死，要到神仙方能身外有身，脱质超凡。天仙是得"道"后，传道人间，仙行圆满返到洞天的神仙。这个明明是采取佛教对于菩萨的见解。

　　人所以不能长生的原故，因为他犯了三种毛病，就是时病、年病、身病。时病是劳逸过度，冒寒涉暑，其结果为"患"。年病是恣情纵意，散失元阳，其结果是"老"。身病是精神消散，其结果是"死"。人要解脱患、老、死，就当修养。最先当要绝了时病的根源，要免身病，先要使年病不生。所以修养的工夫要贯注在年病上，使身体不老，然后不死可求。这个就产生了"炼丹"的方法。

　　六国和秦时的方士早已讲求"不死之药"的制法。《盐铁论·散不足》载秦始皇好神仙，信机祥，于是"燕齐之士释锄耒，争言神仙。方士于是趣咸阳者以千数；言仙人食金余珠，然后寿与天地相保"。"金余珠"即是从金中所得的"丹"。初时的丹不过是从石类中的硃砂取汞（后来名为砂子，阳龙），从金类中的黑

---

　　① 　这样说法，也许与印度思想有关。印度人对于 Rishi（仙人）的见解也是神通过人，且其数常以七为率。《楞严经》（八）所举的十种仙也许不是纯粹印度思想，但自六朝以后，佛道相互的关系却很显然。

铅取银(所谓银母,阴虎),使银汞相合,取其精为"金余珠"。后来更附会以阴阳五行之说,以龙虎居坎离之位,离上坎下为水火未济,坎上离下为水火既济,水火交和则丹成。方士以为人身的构造本应天机,一身之中乃是一个小天地,故当依着阴阳升降之理炼就纯阳,使之脱质升仙。他们有外丹、内丹或炼形、炼气两样丹法。

外丹所以炼形。照道士们的讲究,采药后,精选入炉,用从日取得的真火,从月取得的真水锻炼。丹炉三层,外方内圆,一切都依卦气而造,共高二十七寸。药放在炉里炼过三年为小成,服之可绝百病;六年为中成,服之可以延年;九年为大成,服之可升举。炼到第九年的丹名"白雪",又名"玉液";第十二年名为"神符"。《铜符铁券诀》:"一粒一服三期后,周身九窍自光明。白雪入口身生羽;神符吞下足生云。"言服了第十二年的丹便能得驾起云头上九天的本领。又有所谓"紫金丹",[①]乃得自扶桑,服之能使聋者聪,瞽者明,枯骨生肉,顽石成金,河化乳,华不落,等等功能。自古以来,炼丹服丹的那么多,现在应当有无数神仙驾着云头游来游去才对,但实际上,我们只见云而不见仙!这是什么原故?道士又给我们一个解释,从锻炼上说,丹本没炼成,修者仓促服了。丹所以不成的原故,第一是药材不好,第二是火候不足或不对,第三是时机不合。从修炼人身上说,他还短了炼气的工夫,因为单炼形是不够的。《灵飞经》、《铜符铁券》、《灵宝毕法》、《火莲经》诸书不过是教人炼形,并没注重到炼气那层。

---

① 《石函记》、《圣石指玄篇》说求仙向东,东为扶桑,出金乌之精,生得紫金丹。

修者过于注重炼形，虽专用许多"旁门小法"如斋戒、休粮、采气、漱咽、离妻、断味、禅定、不语、存想、采阴、服气、持静、息心、绝累、开顶、缩龟、绝迹、看读、烧炼、定息、导引、吐纳、采补、布施、供养、救济、入山、识性、不动、授持等，终不能飞升；必须形气并炼，用内观法，先使身心达于清静虚无之境，然后锻炼内丹，使外内调和才可以。内观者，先于"无中立象，以定神识"，继则"一念不起"，以保其"清"，使"灵台无物"，以保其"净"。能够这样，才可以讲内丹的修炼。《性命圭旨》专讲炼形炼气之法，但已融通三教，不尽是道教玄理。

人身是个小天地，所以万物皆备于其中，无须再向外求。身体里有三个区域，所谓三丹田，是神、气、精寄寓的地方。上丹田为神舍，中丹田为气府，下丹田为精区。三丹田中自有妙药，能够自炼自还。所以内丹的讲究在"还丹"，即将丹田炼成的药（龙虎）还到丹田。这丹药是要降伏心肾的龙虎，即制色欲忿怒使心火下降，肾水上润。制色止怒即是降伏龙虎。身中的水火，乃从肾生真水，心生真火。水为乾父，生姹女；火为坤母，生婴儿；二者交媾而生黄芽，即真龙真虎是。由此存想内观，以应阳升阴降之象，乃至绝念无想。自凝神息虑，历过小还丹、大还丹、七返、九转、金液、玉液，诸还丹后乃得真念与真空，然后可以入到超脱的境界。还丹是还吾身中的日月去和天地造化同途的意思。内丹之法，归根是要：炼精合气，炼气合神，炼神合虚。一到虚无，生死自了，而仙境可得。这比配金精石液为夫妇，得"河车"而飞行天外的丹法就强多了。看来，内丹也和禅定或定息的方法没甚分别，大概是采用佛法的结果。

炼内丹不成是因为道士身心中有九难十魔的阻碍。九难者：一是衣食逼迫，二是尊长拦阻，三是恩爱牵挂，四是名利荣绊，五是灾祸横生，六是师长约束，七是议论差别，八是意志懈怠，九是岁月蹉跎。十魔是：贼、富、贵、情、恩爱、患难、圣贤、刀兵、女乐、女色。能避掉这九难十魔，方能修仙炼丹。

讲还丹的书最好读《参同契》，现在将其注释中引一句来做结语。"人之一身，法天象地，与天地同一阴阳也。人知此身与天地同一阴阳，则可与论还丹之道矣。"(元俞琰《周易参同契发挥》)

在神仙家之外，还有两派属于方技的医家与房中也与道教有关系。从中国医书中所立阴阳的理论可以看出其中的道家思想。医药一科在道士的功课上也是很重要的。房中之术，《汉书·艺文志》虽列八家，但其书已不传，小说中载道士擅于此术的不少。①

上头所说只在道教对于修养之方法及宇宙人生的见解，现在当略述其对于神灵的信仰。这是使黄老道成为今日的道教的关键。原始的道德家并没有明白地说这世界有没有主宰它的神。天地在他们的心目中只是一副大机械，也可名之为"玄机"，作善作恶的果报乃是自然的机械性使它如此，并非由于大神的赏罚。汉初的道家还有些依照旧说的，如《淮南子》说："祸之来也，人自生之；福之来也，人自成之。祸与福同门，利与害为邻。"又说"有阴德者必有阳报，有阴行者必有昭名。"(《人间训》)这还

---

① 房中术附于道教，但后来炼丹者有些不主张此法能得长生，故"采阴"、"御女术"等为修内丹者所排斥。参看《石函记·太阳元精论》、《修真十书》等。

是《易·坤》所谓"积善之家必有余庆,积不善之家必有余殃"同一语气。驺衍虽谈五德始终之运,却也没有说到天志。《鹖冠子·学问》所记的"九道",似为秦朝前后的道士所必学,其存到今日的还可以找出"道德"、"阴阳"、"天官"、"神征"四道来。神征是讲天人感应的,这与道家的思想是很晚出,也不是固有的。

天人感应在先秦时代主张得最热烈的便是墨子。墨家思想在汉时为儒家所压制。当时能与儒家抗衡的便是黄老道,许多派别都在它的荫下得以保存,故墨者也就归附在里头。道教和墨教的关系在它的感应论。我们将《太上感应篇》来和《墨子》的《法仪》、《天志》、《明鬼》诸篇比较一下,就觉得其中相同的观念很多。《墨子·非攻》文里列举许多机祥,《天志》明告以"知天鬼之所福,而避天鬼之所憎,比求兴天下之利而除天下之害"。《明鬼》说:"今吾为祭祀也,非直注之汙壑而弃之也,上以交鬼之福,下以合欢聚众,取亲乎乡里。"《感应篇》开首一句说:"祸福无门,惟人自召。善恶之报,为影随形。是以天地有司过之神,依人所犯轻重以夺人算。"这与《法仪》"爱人利人者,天必福之;恶人贼人者,天必祸之;日杀不幸者,得不祥焉。"是一样的意思。又祈福的事,亦为墨者所不禁,这在《天志篇》里说得很明白。祈禳本为宋国所重,墨子生于宋,故他的门徒多习祝史之事。道德家本不主祈禳,因为这是巫祝的要术,不是学清静无为的人所当的。但自墨道参入后,祈禳几乎占领道家实行方面的全部!秦汉间的方士都能祈禳,《淮南》有土龙求雨之文,董子甚且以儒家实行这事。祈禳之法到后来越盛,依《神仙传·王远传》所记,则汉桓帝时,学神仙的已教人用符法禳灾治病了。汉魏道教徒所知的神仙不过如《神仙传》所载九十二人，^①著者把墨子也入仙班，是一件很可注意的事。到五代时候，道士中还有会"墨子术"的，我们在史乘中找出底下一段话。

> 是时魏州妖人杨千郎用事，自言有"墨子术"，能役使鬼神，化丹砂水银。庄宗颇神之，拜千郎为检校尚书郎，赐紫。其妻出入官禁，承恩宠，而士或因之以求官爵。（《新五代史》卷十四，太祖子）

墨子曾否能使役鬼神，化丹砂水银，我们不知道，但从传说中，我们知道他的技术很好，能做木鸢和军用的器具。宋道书中还有《太上墨子枕中记》一卷，言匿形幻化之术，可见墨子也被道教徒当做神仙看待。

黄老道家既和墨家信机祥祈禳和感应说，于是后来的道教做出满天神灵来。道教今日所奉诸神，一方面是从古代的神话流衍下来，一方面是从阴阳五行的禳星礼斗发展出来。中国古人的崇拜对象说是天地，其实是以日为主，故《祭义》说"郊之祭，大报天而主日"。日是天的代表形象，是生生之本，故为祭祀的主体。所以天子封禅每祭日，盟会诸侯时亦指日为誓。古时祭日应在东方，时间在春，因为东方是"震"地，为《说卦》所说万物出生之向。拜日星的礼，由来是很早的。古时致祭之地多在高处，《史记·封禅书》说："自古以雍州积高，神明之隩，故立畤郊

---

① 葛洪的自序中提到秦时阮仓所记有数百人，刘向所撰又七十余人。

上帝,诸神祠皆聚云。盖黄帝时尝用事,虽晚周亦郊焉。其语不经见,搢绅者不道。"那时所祭的帝是"东君"、"东后"、"东皇",即后来五行说流行时的"青帝"。自秦襄公为诸侯(周平王元年),始因雍州旧畤作西畤,祠白帝。秦宣公时,国基已固,始僭礼祭青帝于密畤;灵公三年(周威烈王四年)作吴阳上畤,下畤以祭黄帝、炎帝,于是雍、东四畤具备。

秦最先祀白帝,大概是秦的世系出于少皞,再溯源而祭太皞,轩辕,神农,初不过是本着旧时祖先崇拜的形式,所谓严父配天之老例,本没有什么以木德王或以土德王等说,到齐宣威之世,五德终始为五行家所倡之后才有五行配五色帝的说法。秦始皇因为五行家与神仙家的说法,也就采用了"阴阳主运五行相次"的理论。五行相次自然引起天上五行星的敬仰。道教的成立,从秦汉间拜星的礼仪得了许多帮助。汉人也是笃于祭祀求福的,桓宽在昭帝时亟论其过于注重,说:

古者庶人鱼菽之祭,春次修其祖祠,士一庙,大夫三,以时有事于五祀,盖无出门之祭。今富者祈名岳,望山川,椎牛击鼓,戏倡舞像;中者南居当路,水上云台,屠羊杀狗,鼓瑟吹笙;贫者鸡豕五芳,卫保散腊,倾盖社场。

古者德行求福,故祭祀而宽;仁义求吉,故卜筮而希。今士俗宽于行而求于鬼;怠于礼而笃于祭;嫚亲而贵势,至妄而信日,听驰言而辛得,出实物而享虚福。

古者君子夙夜孳孳思其德,小人晨昏孜孜思其力,故君子不素餐,小人不空食。世俗饰伪行诈,为民巫祝,以取厘

谢,坚颔健舌,或以成业致富,故惮事之人,释本相学,是以
街巷有巫,闾里有祝。(《盐铁论·散不足》)

重祭重巫就是促成道教成为一个有组织的团体的原因。当时的
巫祠很多,都是与五行有关系的。

汉高帝二年因秦末立時祀黑帝,乃立北時以凑足五帝的数
目。刘氏,据《左传》所记世系出自高辛,并非高阳,依五行论,他
是以火德王,应当祀炎帝,依祖先崇拜,应当祀帝喾,故知立北時
只为凑足五帝之数而已。我们因此可以知道用青、黄、赤、白、黑
诸名加于古帝名上是出于五行论盛行之后。由祖先而附丽于方
位,由方位而上同于五星,故汉代祭祀的对象几乎全是星辰。高
祖四年所立的祠,除河巫祠祠河,南山巫祠祠秦二世外,其余如
蚩尤祠、梁巫祠、晋巫祠、秦巫祠、荆巫祠、九天巫祠乃至各郡国
县所立之灵星祠都是以祭星为主的。武帝时方士又奏祠太一
说:"天神贵者太一,佐曰五帝。"太一依《春秋合诚图》和《乐汁征
图》,是紫微垣的一星,因其居北极天枢,为众星所拱,大有君臣
之象,所以说五帝为太一佐。

汉朝拜星与现在道教所奉诸神有关系。群星的人格实现,
是汉人最普遍的信仰。《拾遗记》载刘向校书天禄阁,有黄衣老
人自言是"太一之精天帝";《搜神记》载董永取织女,[①]诸如此
类,不能细述。张角作乱,亦以"苍天已死,黄天当立,岁在甲子,
天下大吉"为辞。苍天、黄天即九天巫祠所祠,实际也是祭星的。

---

① 董永传说是董仲舒之父。《录异记》说蔡州西北百里平兴县界有仙女墓,为
仲舒为母追葬衣冠处;又说或是仲舒藏神符灵药及阴阳秘诀之所。

祭星礼斗为汉人一般的宗教，道教凑巧成立于这时候，因此用来号召百姓。现在所谓"玉皇上帝"、"文昌"、"斗姆"、"司命"、"福德"等等，无一不是从那时候的拜星礼节留下来的。关于道教的神圣，名号无数，尤其是在佛教密宗传入后，道士们为要与佛争雄，随意造了许多难知难解的天尊与元君的名字。《诸师真诰》、《上清众经诸真圣秘》、《三洞赞颂灵章》等书满填了他们的名字，有工夫的人可以一读。

方士讲长生用药方和祈禳是开道士用符咒的先河，道教有今日的组织也是在此。《后汉书》（一百一）《皇甫嵩传》载巨鹿张角奉事黄老道，自称"大贤良师"，畜养弟子，跪拜首过（忏悔）。他用符水咒说疗疾，因百姓的信服，乃遣弟子于四方传"善道"数十年。又《刘焉传》（《后汉书》一百五）载张陵之孙张鲁于顺帝时客于蜀，学道于鹤鸣山中，造作符书，受其道者出米五斗，故名"五斗米道"。此道传自张陵（第一代天师）。陵传子衡，衡传于鲁，遂自号"师君"。学者初名"鬼卒"，后号"祭酒"，领部众多者曰"理头"，皆教以诚信，不听欺妄，有病但令首过而已。诸祭酒各起义舍于路边，专悬米肉以给行旅，以为食者当量腹取足，过多，鬼就能使他生病。熹平中，妖贼大起，其中以汉中有张修持太平道，张角持五斗米道是最著。太平道师持九节杖为符祝，令病人叩首思过，因以符水给病人喝，若病好了就是信道，若是不好，便是不信的证验。张角则施静室使病人思过，祭酒主以《老子》五千文使人都习，号"奸令"。又立"鬼吏"，使主为病人祈祷，书写病人名字，说服罪之意，使病家出米五斗为公用。这两派的道教才是现在道教的正祖。道教的天师世居江西龙虎山，传到六十三代张锡龄，于民国十六年，为政府驱逐，去天师号，天师的传流从此可算断绝了。

　　道教思想和道教的形成我们已在上头略知一二，我们从所知的看来，道教的成分，虽然非常地复杂，可是教中一切礼仪与思想都可以找出他们的来源。好像北京的磨刀匠，同是一种职业，而他们当中有摇惊闺叶的，有吹喇叭的，从他们的幌子可以知道前者是从前为闺秀磨镜或绣剪的，后者是从前为军营磨军刀的，现在两样职都变一样了；道教的形成也是如此。中国一般的思想就是道教的晶体，一切都可以从其中找出来。

十六年五月改旧稿于海淀

www.ingramcontent.com/pod-product-compliance
Lightning Source LLC
Chambersburg PA
CBHW071854020426
42331CB00010B/2507